tudo é história

42

Ítalo Tronca

REVOLUÇÃO DE 30:
a dominação oculta

editora brasiliense

Copyright © by Ítalo Tronca, 1982

Nenhuma parte desta publicação pode ser gravada, armazenada em sistemas eletrônicos, fotocopiada, reproduzida por meios mecânicos ou outros quaisquer sem autorização prévia do editor.

ISBN: 85-11-02042-X
8ª edição, 1993
2ª reimpressão, 2004

Revisão: José E. Andrade
Caricaturas: Emílio Damiani
Capa: 123 (antigo 27) Artistas Gráficos

Dados Internacionais de Catalogação na Publicação (CIP)
(Câmara Brasileira do Livro, SP, Brasil)

Tronca, Ítalo A. 1936-
 Revolução de 30 : a dominação oculta / Ítalo A. Tronca.
– São Paulo : Brasiliense, 2004. – (Tudo é história ; 42).

 2ª reimpr. da 8ª. ed. de 1993.
 Bibliografia.
 ISBN 85-11-02042-X

 1. Brasil - História - Revolução, 1930
I. Título. II. Série.

04-3621   CDD-981.061

Índices para catálogo sistemático:
1. Revolução de 1930 : Brasil : História   981.061

editora brasiliense s.a.
Rua Airi, 22 - Tatuapé - CEP 03310-010 - São Paulo - SP
Fone/Fax: (0xx11) 6198-1488
E-mail: brasilienseedit@uol.com.br
www.editorabrasiliense.com.br

livraria brasiliense s.a.
Rua Emília Marengo, 216 - Tatuapé - CEP 03336-000 - São Paulo - SP
Fone/Fax (0xx11) 6675-0188

ÍNDICE

Introdução 7
30: outra história 13
Vencedor entre os vencidos 16
Manipulação e controle 35
O outro lado da estratégia 41
Uma revolução democrático-burguesa 57
Os caminhos da revolução 62
A dura realidade 79
As máscaras estão caindo 88
Indicações para leitura 99

Para Lêda, Marina, Lícia, Tarsila

INTRODUÇÃO

> A história está mais para um caleidoscópio do que para uma régua.

Antes de mais nada, é preciso dizer que a idéia de "revolução de 30" talvez seja a construção mais bem elaborada do pensamento autoritário no Brasil. Como tal, foi e continua sendo um poderoso instrumento de dominação, na medida em que apagou a memória dos vencidos na luta e construiu o futuro na perspectiva dos vencedores.

Tanto é assim que mesmo as explicações mais sofisticadas, aquelas que procuraram fugir dos esquemas da história oficial, acabam caindo, ao se debruçar sobre os acontecimentos entre 1920 e 1930, na armadilha ideológica montada pela ótica do vencedor.

Desmontar esse dispositivo de ocultação, de recobrimento do real, uma das funções básicas da ideologia, não é uma tarefa fácil. Mas este trabalho perderia inteiramente o sentido se não tentasse, pelo menos, realizá-la. Um dos caminhos possíveis é começar expondo, sinteticamente, uma análise daqueles acontecimentos a qual se pretende crítica em relação à história oficial.

Como procede essa análise? Em primeiro lugar, assumindo que, em 1930, ocorreu, de fato, uma revolução no Brasil, inaugurando as condições que iriam permitir, no decorrer dos anos seguintes, a modernização e o progresso do país. 30 carrega em seu bojo, então, a construção de um Estado moderno, à feição ocidental, suporte indispensável da futura industrialização (pesada), em grande escala, um Estado criador das classes sociais modernas (burguesia industrial e proletariado), uma vez que os grupos sociais existentes antes, durante a chamada República Velha, eram simples arremedo de classes, fragmentárias e em estágio de formação; portanto, fracas.

E como se chegou à Revolução de 1930, momento capaz de implantar as condições para a realização desses ciclópicos trabalhos? Segundo essa análise, as classes médias das cidades (funcionários públicos, militares, empregados em serviços e profissionais liberais) desempenharam um papel fundamental, especialmente durante a década de vinte, nos sucessos que conduziram a 1930.

Insatisfeitas com o domínio imposto, durante praticamente toda a República Velha (1889-1930), pelas oligarquias agrárias — grupos que utilizavam o poder visando unicamente a seus interesses exclusivistas (entre os quais o mais poderoso era aquele ligado à economia do café) —, essas camadas médias irão pressionar no sentido de remover a oligarquia do poder.

Lideradas pelo seu segmento mais radical, os "tenentes", desencadeiam um ciclo de movimentos armados, cujo início é a revolta do Forte de Copacabana (1922), sucedendo-lhe a chamada Revolução de São Paulo (1924), que culmina com a formação da Coluna Prestes-Miguel Costa (1924-1927).

O que pretendiam as classes médias, com os "tenentes" à frente? Basicamente, pretenderiam a realização de um ideário liberal-democrático: voto secreto, a moralização das eleições e vagas reformas sociais. Vivendo nas grandes cidades, fora da influência do "coronelismo" que dominava as áreas rurais e os pequenos municípios do interior, esses setores médios teriam se constituído, assim, no principal ponto de apoio da luta contra os interesses agrários, representados principalmente pelo café.

De acordo com essa análise explicativa, a revolução de 1930 foi o ponto de chegada, o resultado das pressões desencadeadas por esses grupos urbanos. E aí, como ficaram as aspirações liberal-democráticas dessas camadas que teriam feito a revolução? Não puderam ser atendidas. Quais as razões?

Diz a análise que 30 ocorreu em condições tais que impossibilitaram o atendimento daquelas reivindicações. O motivo principal, entre outros, era a própria natureza dessas classes médias. Diferentemente das camadas médias tradicionais de outros países, como os Estados Unidos, por exemplo, onde estas eram, em sua maioria, de pequenos proprietários independentes, no Brasil sua sobrevivência como grupo social dependia da grande propriedade agrária.

Dada essa dependência material, segue-se a dependência política e ideológica. Em outras palavras, essas camadas médias nunca puderam elaborar um programa político seu e que atendesse também a outros setores da população, um projeto universalizante. O máximo que conseguiram foi reproduzir os mesmos princípios teóricos liberais das próprias oligarquias, falando em democracia e liberalismo, por exemplo.

Por não poderem escapar desse universo político-ideológico, idêntico ao das oligarquias, essas camadas médias teriam sido obrigadas, em 30, a entrar em acordo, estabelecer um "compromisso" com outras forças oligárquicas (lideradas por Getúlio Vargas), também interessadas em remover do poder a oligarquia cafeeira sob o comando de Washington Luiz.

Entretanto, a própria necessidade de estabelecer tal compromisso indicaria a fraqueza relativa desses grupos "revolucionários": as classes médias, por serem dependentes das oligarquias; a oligarquia afastada do poder, por estar debilitada pela crise do café; e as "novas oligarquias", com Vargas à frente, de mãos atadas, porque, embora tivessem tomado o poder em 30, a economia do país continuava ainda a depender do café.

Durante os anos vinte, o anarquismo continuava vivo no interior do movimento operário, ao contrário do que diziam os comunistas (A Plebe, *1927*).

E, em relação aos proletários em geral, especialmente o operariado urbano, que papel lhes reserva esse tipo de análise? Teriam se comportado de forma eminentemente passiva durante os anos vinte. Duramente reprimidos pelo Estado oligárquico, de um lado, e divididos internamente em diversas correntes políticas (anarquistas, comunistas, socialistas, cristãos), de outro, o operariado teria se constituído, no máximo, numa "ameaça potencial" ao regime dominante. E esse perigo derivaria, sobretudo, da ação dos trabalhadores desencadeada no final da década anterior (1917-1920), quando os operários das grandes cidades, principalmente São Paulo e Rio de Janeiro, realizaram uma onda de greves sob a liderança dos anarquistas.

Qual dessas forças estaria em condições, então, de exercer efetivamente a liderança, a fim de conduzir os destinos da nação? Nenhuma delas dispunha de autonomia suficiente para tal. Estava-se diante, assim, de um "vazio de poder", uma vez que qualquer das forças em presença não podia, sozinha, preenchê-lo. É neste ponto que a análise recorre, a fim de solucionar o problema, ao advento de um Estado surgido do "alto", construtor de uma nova nação, vindo exatamente para ocupar esse vazio.

Entretanto, é possível fazer uma outra leitura da história e demonstrar que esse vazio de poder nunca existiu. Ele sempre esteve preenchido por poderosas políticas de dominação.

30: OUTRA HISTÓRIA

A sistemática exclusão, repressão e manipulação do movimento operário pelas classes dominantes e por aqueles que se autodenominaram representantes dos trabalhadores — esses são os suportes da idéia de revolução de 1930.

A convergência desses objetivos — exclusão, repressão, manipulação e controle dos trabalhadores — confere o conteúdo real àquilo que a história oficial (a memória dos vencedores) chama de Revolução de 1930. Por trás desses objetivos, tanto os das classes dominantes como os daqueles que se diziam porta-vozes do proletariado, uma mesma e única lógica os identifica: a lógica da dominação.

A fim de se compreender o sentido dos acontecimentos em torno de 1930, é preciso, de início, varrer do cenário as representações criadas sobre esse período por certos grupos envolvidos na luta — os grupos que venceram essa luta.

O que havia, como de resto continua havendo, era um confronto fundamental entre burguesia e proletariado. A idéia de que existiu uma revolução em 30 cumpre precisamente o papel de apagar o real, ou seja, o confronto do qual resultou a derrota do proletariado.

Nos anos que antecederam 1930, durante a década de vinte, existia realmente um processo revolucionário em curso. De fato, articulavam-se naquele momento diversas propostas políticas visando à modificação das estruturas de dominação então prevalecentes. Sobretudo em cidades como São Paulo e Rio de Janeiro, por exemplo, não se passava um dia praticamente sem que a grande imprensa de oposição ao governo e os jornais operários falassem em revolução.

Falavam em revolução as diversas facções que compunham o grupo de militares rebelados contra o governo, os chamados "tenentes"; revolução é o tema principal do Partido Democrático de São Paulo, fundado em 1926 por dissidentes do antigo Partido Republicano Paulista, então no poder. (Cf. Carlos Alberto Vesentini e Edgar S. de Decca, "A Revolução do Vencedor", *Ciência e Cultura*, n.º 1, janeiro de 1977.)

Entretanto, por fora dessas oposições geradas no interior do sistema dominante, crescia, no próprio espaço político criado por aquelas dissidências burguesas, uma tendência que pretendia falar em nome do proletariado — o Partido Comunista do Brasil (PCB), fundado em 1922. Ele também era portador de uma proposta de revolução.

A fim de sustentar sua estratégia baseada na combinação entre o controle do movimento operário, no terreno sindical, e a disputa eleitoral, com vistas a eleger seus representantes nas assembléias burguesas, o PCB necessitava ganhar autoridade política para poder transacionar com as demais oposições "revolucionárias". Para isso tornava-se imprescindível obter o apoio dos trabalhadores, falar como seu único e legítimo representante.

Para alcançar esse objetivo, os comunistas tinham pela frente uma tarefa prioritária no nível sindical: afastar definitivamente da cena política as sobrevivências do anarco-sindicalismo ainda vivas em sindicatos importantes, tanto no Rio como em São Paulo. Nessa época, meados dos anos vinte, pequenos grupos socialistas, sindicalistas católicos que faziam a política da Igreja junto aos operários, ao lado de líderes "amarelos" (pelegos) a serviço do governo e dos patrões, também serão obstáculos para os comunistas na luta pela conquista da hegemonia sobre o proletariado. Mas o principal adversário era, sem dúvida, o anarco-sindicalismo.

De que maneira, porém, o PCB irá se impor junto ao proletariado?

VENCEDOR ENTRE VENCIDOS

Não é demais recordar que, desde o início do século até os anos vinte, o anarco-sindicalismo constituiu-se na principal corrente doutrinária a influenciar o movimento operário brasileiro. Entretanto, o endurecimento da repressão durante o governo de Artur Bernardes (1922-1926), de um lado, e a hostilidade do recém-fundado PCB, que ostentava a legenda da vitoriosa Revolução Russa de 1917, de outro, contribuíram para o enfraquecimento da presença anarquista.

Mas isso não significou o seu desaparecimento. Tanto assim que, em abril de 1927, por ocasião do Congresso Sindical Regional, no Rio de Janeiro, convocado por várias associações operárias cariocas sob influência comunista, o que estará em jogo, na verdade, por trás do programa oficial da reunião, será o confronto entre duas concepções antagônicas sobre a organização sindical: a comunista e a anarquista.

Mais do que uma simples disputa sindical, chocavam-se, na realidade, duas propostas irreconciliáveis de revolução. O importante é que a vitória de uma delas, muito provavelmente, selou por muitos anos o destino do movimento operário em seu conjunto.

(A exposição a seguir baseia-se, principalmente, na inovadora pesquisa, ainda inédita, do filósofo e historiador Kazumi Munakata — *Trabalhadores Urbanos no Brasil e suas Expressões Políticas: História e Historiografia (1927/1934)*, realizada no Programa de Mestrado do Departamento de História da Universidade Estadual de Campinas.)

O que pretendia o PCB com aquele Congresso? À primeira vista, reorganizar o movimento sindical, disperso em dezenas de sindicatos à base de ofícios, associações e federações. Não havia, àquela época, entidades ou organizações que os unificassem com vistas a uma ação comum. Essa estrutura, autônoma e descentralizada, era uma das heranças do anarco-sindicalismo.

Por isso, a proposta fundamental dos comunistas era de unificar o movimento sindical. Qual o seu significado? Aparentemente — como diz Munakata em seu estudo — ele é óbvio: o que se quer é transformar o mais possível o movimento operário num bloco monolítico, a fim de que possa ter êxito em suas reivindicações perante os patrões.

Esclarecendo essa posição, o jornal carioca *A Nação*, do PCB, dirigia-se aos trabalhadores, naqueles dias do Congresso, prevenindo-os de que Washington Luiz, o presidente que sucedera Bernardes,

"(...) não vos quer unidos e organizados porque sabe que contra o bloco de ferro do proletariado nada pode o burguês (...)".

E prossegue, conclamando todos a esquecer suas "divergências de idéias":

"Comunistas, socialistas, anarquistas, sem partido, cristãos ou ateus, operários de todas as corporações (...) entoemos juntos, uníssonos e coesos, o último verso daquela estrofe sublime da 'Internacional': 'Somos irmãos, trabalhadores!'".

Essas palavras, embora conclamem à idéia de unidade, deixam transparecer exatamente o contrário. Ou seja, que a realidade era marcada pela ausência de unidade — a "divergência de idéias" existente entre comunistas, socialistas, anarquistas, etc.

Em relação aos anarquistas, sobretudo, os comunistas não os encaravam como meros "dissidentes" políticos, mas como inimigos dos trabalhadores. Um dos principais dirigentes do PCB nos anos vinte, ao fazer um balanço do movimento operário daquela época, não deixa dúvidas a esse respeito:

"No domínio das classes e camadas, o anarquismo era uma corrente da pequena burguesia exasperada e desesperada. Objetivamente, no final de contas, sempre fez o jogo da burguesia" (Otávio Brandão, *Combates e Batalhas, Memórias*, 1º vol., Alfa-Ômega, 1978, p. 210).

Defendendo o bolchevismo como o único caminho revolucionário autêntico a ser trilhado pelas massas, o PCB enxergava no anarquismo, única e exclusivamente, uma doutrina própria "dos países atrasados industrialmente, como o Brasil e os outros da América Latina, Portugal e a Espanha".

"O anarquismo floresceu no Brasil em 1917-1920, em conseqüência do atraso do país. Os movimentos operários e populares de 1917-1920 não foram orientados pela ideologia marxista-leninista. Não havia, na época, dirigentes marxistas. Não existia um Partido Comunista, forte nos terrenos ideológico, político e orgânico, um partido de classe, de combate e de massas, para dirigir as batalhas, educar e organizar os trabalhadores" (*idem, ibidem*, p. 209).

Assim, era surpreendente que, aproveitando a comemoração do Primeiro de Maio de 1927, no momento da realização do Congresso Sindical, *A Nação* viesse oferecer aos que chamava de "nossos adversários" uma proposta de frente única.

Segundo a explicação dos comunistas, no interior dessa frente, que reuniria anarquistas, socialistas e outras correntes do movimento operário, "cada um continuará a defender suas convicções, mas é preciso que a comemoração do 1º de Maio não seja sacrificada por causa das nossas lutas intestinas. Contra a burguesia, faremos a frente única com qualquer adversário nosso".

Por que os comunistas recorrem à idéia de frente única? Seus argumentos para justificá-la — como observa Munakata — são, do ponto de vista formal, muito lógicos. Ou seja: partindo do suposto de que o objetivo do capitalismo é enfraquecer as corporações profissionais (organizações da classe operária), separando-as umas das outras em grupos que se hostilizam, daí decorre que, se esses grupos profissionais colocarem à frente dos interesses da coletividade disputas ideológicas ou meras antipatias pessoais, negando-se a formar a frente única, acabam fazendo o jogo do inimigo comum.

Tornando ainda mais clara sua posição, os comunistas explicam que a participação na frente única não obrigaria ninguém a abandonar seus princípios de ordem doutrinária. Pelo contrário, a luta no interior da frente continuaria, mas agora deslocada para um terreno que os comunistas consideram neutro — o terreno da luta econômica.

Imaginam a frente única como um processo de confronto e discussão de pontos de vista que iria diminuindo, naturalmente, as diferenças entre os grupos divergentes, até culminar numa fusão geral inspirada naquilo que os comunistas chamam os "novos laços da ideologia e da tática política".

Entretanto, se bem analisada, a justificativa do

PCB para a formação da frente revela que a preocupação maior dos comunistas não era apenas com a dispersão dos trabalhadores daquela época em muitos sindicatos, determinada pela crescente divisão técnica do trabalho imposta pela industrialização.

O perigo maior não estaria aí. Pior do que isso, na visão dos comunistas, é a divisão no interior do movimento operário devido à presença de correntes de opinião divergentes (anarquistas, socialistas, católicos, etc.). A idéia de se criar um "terreno neutro", onde essas opiniões conflitantes pudessem entender-se, vinha exatamente oferecer uma solução para tal problema.

Entretanto, quando se examina a lista dos sindicatos participantes do Congresso Sindical de 1927, o que se descobre é que esse "terreno neutro" esteve longe de ser alcançado. Estão ausentes da lista algumas das organizações mais importantes na época, como o Sindicato da Construção Civil, a Aliança dos Operários em Calçados, o Sindicato dos Fundidores e Anexos e o dos Barbeiros — todos de orientação anarquista.

Evidenciando ainda mais o antagonismo entre comunistas e anarquistas, a Federação Operária do Rio de Janeiro (FORJ), resultante da cisão, em 1923, entre as duas correntes dentro da antiga Federação dos Trabalhadores do Rio de Janeiro, recusa-se a participar do Congresso. Além disso, convoca uma manifestação do Primeiro de Maio, no Rio, paralela àquela organizada pelos comunistas.

Nessa mesma época, em São Paulo, os anarquistas tentam de todas as maneiras, quase desesperadamente, diante dos esforços dos comunistas, de um lado, e da repressão oficial, de outro, organizar o então debilitado movimento sindical. Seu objetivo é ressuscitar antigas associações ou criar novas, como a União Operária de Ofícios Vários, por exemplo.

Esses são apenas alguns episódios da violenta luta que se aprofundava entre as duas facções nesse período, entremeada de acusações mútuas pelos jornais, repletos de expressões como "traidores do proletariado", "agentes policiais" e "lacaios dos patrões".

Mas, afinal, por que os anarquistas recusaram-se tão terminantemente a participar do Congresso Sindical convocado pelos comunistas? Por que não quiseram nem ouvir falar da proposta de frente única, que respeitaria os princípios doutrinários de seus aderentes? Não dizia a proposta dos comunistas que se tratava apenas de somar as forças num "terreno neutro", ou seja, num sindicalismo *apolítico*, que é uma das idéias mais caras aos anarquistas?

No entanto, a FORJ rejeita a frente única. Em torno dessa recusa, sucede-se uma nova onda de ataques recíprocos, cada qual acusando o adversário de politicagem, visando à divisão do movimento operário. Os argumentos, de ambos os lados, são absolutamente idênticos, o que permite supor que algo mais estava em jogo nesta disputa.

É que, para os anarquistas, a "frente única" representa uma armadilha. Embora fosse apresentada pelos comunistas como "terreno neutro", os anarquistas percebiam nela uma concepção política, uma concepção organizativa do movimento operário. E *A Nação*, o jornal dos comunistas, não deixa dúvidas a esse respeito:

> "Duas tendências se debatem hoje em dia, no movimento sindical de todo o mundo. A tendência federalista, esposada pelos anarquistas e pelos anarco-sindicalistas, (...) vai cada vez mais perdendo terreno. A centralista é a que mais se impõe aos operários, como o meio mais eficaz de lutar contra a burguesia. Entre nós, prevalecia, até bem pouco tempo, o federalismo anárquico. (...) O resultado disso foi a dispersão de forças, a desagragação, e o estado de fraqueza em que se encontra o proletariado, diante da ofensiva patronal. A tendência centralista cada vez mais se impõe. Em vez dos sindicatos de ofício, os sindicatos de indústria. Em vez de federações autônomas, as federações locais, federações nacionais de indústria e, como remate, a CGT (Confederação Geral dos Trabalhadores), organismo por excelência centralizador de todo o movimento sindical. Esta organização é a que mais consulta os interesses do proletariado na época atual de capitalismo centralizado, solidamente organizado" (*A Nação*, Rio, 8/3/1927, *in* K. Munakata, *op. cit.*).

E os anarquistas, o que contrapõem a essa argumentação "científica" dos comunistas? *A Plebe*, antigo porta-voz libertário de São Paulo, esclarece a posição dos anarquistas:

"Federalismo é a doutrina que, ao contrário do Centralismo dos políticos e dos sotainas (referência ao clero), congrega homens diversos em organismos ou sociedades, sem perda de sua autonomia individual, congrega organismos ou sociedades na federação, sem perda da autonomia societária, congrega ainda as federações nas confederações e estas nas internacionais, mas tendo impoluta a autonomia em toda a sua plenitude".

Mas, deixando de lado esses princípios mais gerais, o jornal coloca, ao criticar o centralismo, uma questão fundamental:

"(...) O centralismo, ao contrário, é a negação da autonomia do indivíduo, colocada nas mãos do presidente ou presidium do seu organismo ou partido político. Negação ainda deste — partido político ou organismo — colocado nas mãos dos chefes da Internacional..." (*A Plebe*, São Paulo, 23/7/1927).

A crítica refere-se à III Internacional Comunista (IC), organismo fundado em 1919, na União Soviética, e que centralizava e orientava o movimento comunista internacional. De fato, quando se examinam as 21 condições estipuladas pela IC a fim de que

A PLEBE

ASSIGNATURAS	Toda a correspondencia a **Edgard Leuenroth**	ANNO I — NUM. 19
PAGAMENTO ADIANTADO	Endereço: Caixa Postal, 195 — S. Paulo (Brasil)	21 de OUTUBRO de 1917
	Redacção e Administração: Largo do Palacio, 5-b	PUBLICA-SE AOS DOMINGOS

Novas violencias em perspectiva

A policia, na ancia de impôr silencio á classe trabalhadora, projecta contra esta novas perseguições.

Não extranhamos tal procedimento da parte de quem representa a salvaguarda dos privilegios capitalistas.

O que nos espanta é que, sendo a policia a personificação da lei, desrespeite a mesma lei quando muito bem entenda!

Não ha duvida: o banditismo triumpha.

Mobilisemo-nos!

Os vendilhões dos

os partidos comunistas pudessem ser reconhecidos como seus afiliados, verifica-se que a crítica anarquista aponta para um problema fundamental: a questão da autonomia dos partidos e da liberdade de seus militantes.

A 12.ª condição, por exemplo, estabelecida pela IC, determina que

> "(...) o Partido Comunista só poderá desempenhar seu papel se estiver organizado de modo mais centralizado possível, se for mantida uma disciplina de ferro, quase militar, e se seu organismo central estiver munido de amplos poderes, exercer uma autoridade inquestionável e contar com a confiança unânime dos militantes" ("Los Quatro Primeros Congressos de la Internacional Comunista. Primera Parte", Córdoba, Cuadernos de Pasado y Presente, 43, Siglo XXI, 1973).

Reforçando ainda mais essa tendência à centralização a qualquer custo, a 16.ª condição acrescentava que "todas as decisões dos Congressos da IC, assim como as do Comitê Executivo, são obrigatórias para todos os partidos afiliados" (*ibidem*).

Na realidade, conforme observa Fernando Claudín, ex-dirigente do Partido Comunista Espanhol, os estatutos da IC, desde o II Congresso até o VI, vão-se modificando sempre no sentido de acentuar a centralização e os poderes do Comitê Executivo.

Assim, as "21 condições", apresentadas pelos

dirigentes da IC como um instrumento para fortalecer o movimento comunista internacional através da centralização de seus órgãos e seções,

> "significavam, na prática, que os comunistas organizavam a cisão do movimento operário, em toda a linha, e que a organizavam, além disso, mecanicamente, não através de um processo político e ideológico que permitisse aos trabalhadores se convencer de sua necessidade" (Fernando Claudín, *A Crise do Movimento Comunista. Do Komintern ao Kominform*, Paris, Ruedo Ibérico, 1970).

Quanto à tática de frente única, cuja aplicação o PCB tentava retomar em 1926, aparentemente tão óbvia em seus objetivos, Claudín a vê, antes de mais nada, como uma armadilha e um instrumento de manipulação:

> "As proposições que os partidos comunistas e a IC fariam aos partidos e sindicatos reformistas, a fim de chegar a acordos para a ação comum, seriam 'úteis' tanto fossem rechaçadas quanto fossem aceitas. No primeiro caso, serviriam para 'desmascarar' *ipso facto* os líderes reformistas. No segundo, conduziriam ao mesmo resultado em uma ou outra fase do movimento, posto que os ditos líderes não estavam dispostos realmente a defender de maneira conseqüente os interesses operários. No curso da ação, os comunistas de-

nunciariam suas vacilações e traições" (*Idem, ibidem*).

Com efeito, como explica Claudín, a tática de frente única, no início dos anos vinte, foi concebida pela IC como uma política defensiva, partindo dos seguintes dados: recuo do movimento revolucionário em quase todos os países capitalistas; contra-ofensiva capitalista visando a rebaixar o nível de vida das massas e suas conquistas sindicais e políticas; divisão da classe operária, cuja minoria permanecia enquadrada nos partidos e sindicatos reformistas.

Nessas condições, raciocinavam os dirigentes da IC, a luta dos trabalhadores pela conquista do poder tornava-se um objetivo distante.

Contudo, para a IC, a política da "frente única" não significava somente um meio de resistir mais eficazmente à ofensiva capitalista. Ela considerava também que essa política permitiria aos partidos comunistas estreitar suas relações com as massas, estimulá-las no sentido revolucionário, arrancá-las da influência do reformismo e, finalmente, prepará-las para futuros combates ofensivos.

O que queriam dizer com futuros "combates ofensivos"? Imaginavam os dirigentes da IC — segundo Claudín — a possibilidade de ocorrerem situações revolucionárias ou pré-revolucionárias, quando então a frente única proletária poderia desembocar na formação de "governos operários" — com a participação de comunistas, socialistas de esquerda e outros grupos avançados. Ou mesmo de "governos operários e camponeses", que incorporariam aqueles setores mais radicalizados do campesinato.

Mas, ao mesmo tempo, — e isto é fundamental — as teses da Internacional declaravam abertamente que "a ditadura completa do proletariado só pode ser realizada por um governo operário composto de comunistas". Ou seja, qualquer outra tendência do movimento operário, por mais radical que fosse, poderia percorrer junto com os comunistas um trecho do caminho que conduziria à "ditadura completa do proletariado", mas na chegada teria de abandonar tudo à direção exclusiva do partido comunista. Como diz Claudín, era efetivamente a projeção do caminho que havia sido percorrido na Rússia pelos bolcheviques. Em suma, com a "frente única" propunha-se aos eventuais aliados de hoje colaborar na criação das condições que permitiriam eliminá-los, enquanto força política, no dia seguinte.

Assim, a tática de frente única não passa, na realidade, de um instrumento de realização da estratégia da IC em escala mundial. Ou seja: agitar bandeiras de luta assimiláveis pela massa e assim afastar a influência de outras tendências do movimento operário — a social-democrata na Europa e, no caso do Brasil, o anarco-sindicalismo.

Analisando a política do PCB nesse período, K. Munakata identifica claramente seu mecanicismo em relação às diretrizes impostas pela IC:

"A proposta de frente única serve, no ato mesmo da proposição, para 'desmascarar' os não aderentes como traidores do proletariado. É por isso que ela é apresentada como algo 'natural', necessário, que obedece à lógica 'econômica e social', isto é, à centralização e concentração do capitalismo deve-se responder também com a centralização e concentração do movimento operário. Só os traidores podem recusar esta lógica, como quer o PCB" (*op. cit.*).

Aliás, esse mimetismo do PCB em relação à IC não se restringe à política de frente única. Na prática, o Partido só é capaz de enxergar a "realidade" brasileira através das lentes da IC, acabando por atuar como uma mera agência desta, sem qualquer margem de autonomia. Nesse sentido o depoimento de Otávio Brandão não deixa dúvidas:

"Sob a bandeira imortal de Marx, Engels e Lênin, a IC ensinou o PCB a defender os princípios do internacionalismo proletário revolucionário. Guiado por esses princípios, o PCB travou combates em defesa da União Soviética, dos países coloniais e dependentes (...)".

Ou,

"Guiado pela IC e sob a influência dos princípios de Marx, Engels e Lênin, o PCB sempre definiu os interesses da grande Nação Brasileira, do nosso povo em geral e de sua classe operária em particular (...)".

Sempre atuando sob a mesma luz tutelar,

> "A IC preconizou ao PCB que reforçasse os sindicatos operários e lutasse pela unidade sindical. Essa diretiva foi tomada em consideração. O PCB, desde os primeiros anos, reforçou inúmeros sindicatos existentes. Fundou novos sindicatos (...)".

De que maneira o PCB reforçava o movimento sindical? Segundo Brandão, a IC sustentava a necessidade de lutar em duas frentes:

> "O PCB travou esta luta: contra o oportunismo de 'esquerda' — o anarquismo, até sua liquidação, e contra o oportunismo de direita — o reformismo. Este tentou levantar a cabeça com a Confederação Sindicalista Cooperativista Brasileira em 1923-1924, com o Partido Socialista em 1925-1927, o Partido Trabalhista em 1928 e outros". (*op. cit.*, pp. 222-223).

Nessa perspectiva, a atitude aparentemente ambígua dos comunistas brasileiros, atacando os anarquistas ao mesmo tempo que os convidavam a participar da frente única, ganha seu verdadeiro sentido. A partir das próprias palavras de Brandão, fica claro que, desde o início, o objetivo do PCB não era ganhar seus adversários, mas liquidá-los politicamente. Por que, então, convidá-los a participar de uma "frente"? Aqui, como para os adversários europeus, a tática é a mesma: se recusassem, seriam "desmascarados" imediatamente como reformistas; caso aceitassem, o resultado seria o mesmo, pois, no curso da ação, os comunistas "demonstrariam" suas vacilações e traições.

Aplicando ao pé da letra as diretrizes da Internacional, o PCB, a partir de 1927, realiza considerável avanço no meio sindical. Um documento da Internacional sobre o Brasil, publicado em 1928, dá uma idéia do progresso dos comunistas:

> "A situação geral dos sindicatos é boa. Depois de um período durante o qual eles foram quase completamente abandonados pelas massas, os sindicatos começaram a se reorganizar. Em 1924, nosso Partido Comunista tornou-se legal durante alguns meses e desenvolveu um grande trabalho sindical. Foi assim que se formou no Rio de Janeiro uma federação regional que agrupa atualmente vinte sindicatos e 30 mil operários. Um grupo da CGT trabalha com vistas à fundação de uma Confederação Sindical Central Nacional (...)" (*L'activité de l'Internationale Communiste du V au VI Congrès*, Paris, Bureau d'Éditions, 1928, cit. por Paulo Sérgio Pinheiro e Michael D. Hall, *A Classe Operária no Brasil, 1889-1930; Documentos*, Alfa-Ômega, S. Paulo, 1979).

Informava ainda que "embora o aparelho do partido não seja perfeito", funcionava muito bem, apesar de todos os ataques da reação. Em 1928, segundo o documento, o PCB contava com 1 200 membros, "entre os quais 98 por cento são operários". O restante seria composto de pequenos burgueses e intelectuais. As células de empresa do partido dispunham de 180 militantes e as de rua, 420. Entre os catorze núcleos organizados no país, o mais forte era o do Rio de Janeiro, onde o PCB publicava, inclusive, dois jornais de fábrica.

De fato, a hegemonia do partido sobre o movimento sindical, de 1927 em diante, é incontestável. A ponto de o PCB só reconhecer como adversários, nessa época, os sindicatos sob controle dos patrões e do próprio governo. As tendências de esquerda — socialistas e anarquistas — haviam sido na prática eliminadas no choque interno com os comunistas.

Tanto assim que, em 1928, podiam escrever que durante os anos vinte,

"(...) um pequeno grupo anarquista intransigente continuou existindo e atuando dentro de alguns sindicatos; mas foram incapazes de compreender e de se adaptar às novas condições, e, cegos pelo ódio contra a nova corrente revolucionária, o anarquismo 'puro' falhou por completo, sendo sua influência hoje quase nula em nosso movimento sindical" ("Brasil: Las fuerzas, las tendencias y las perspectivas del movimiento sindical". Revista *El Trabajador Latino Americano*, outubro de 1928. Essa revista era ligada à Internacional Sindical, organização do Comintern para o sindicalismo).

Numa avaliação indireta de sua performance na

luta, os comunistas creditam aos anarquistas, naquele momento, o controle de apenas algumas sobras do movimento sindical:

> "Somente restam em suas mãos [dos anarquistas] a Federação Operária de Porto Alegre (...) e alguns esqueletos de sindicatos da construção civil e do calçado, em São Paulo e no Rio. Nada mais. Somando tudo, encontraremos, apenas, uns 2 mil trabalhadores...".

No cenário do confronto, estavam em pé somente duas tendências, que

> "(...) orientam e guiam os trabalhadores do Brasil: a tendência revolucionária, de luta de classes, efetiva e virtualmente dirigida pela nova corrente comunista; e a tendência economista, corporativista, legalista, que mais ou menos se acha sob a direção da burguesia e do governo (...)" (*ibidem*).

Diante da vitória do PCB, mesmo que, em nome do chamado "realismo político", não se leve em conta as condições que lhe permitiram alcançá-la, a questão mais importante, para os fins deste trabalho, passa a ser outra: como o partido utilizará a vitória? Ou, em outras palavras, quais os objetivos efetivamente perseguidos, ocultos por trás do discurso do vencedor, e o que têm a ver com a idéia de revolução de 30.

MANIPULAÇÃO E CONTROLE

Para esclarecer essas questões o estudo de Kazumi Munakata é decisivo. Ele demonstra como, em 1927, o PCB passa a aplicar, nos sindicatos sob sua influência, uma política de centralização e burocratização crescentes, com o objetivo de "disciplinar, controlar, condicionar e, no limite, evitar os movimentos grevistas autônomos".

Cita o exemplo, entre muitos outros, da União dos Trabalhadores Gráficos de São Paulo, sob controle do PCB, cuja Comissão Executiva declara-se "contra toda greve parcial feita sem um objetivo nobre e quando feita por motivos fúteis". Ela, a Comissão, é que se arroga o direito de *saber* quando uma greve é "nobre" ou "fútil"...

Assumindo inteiramente o papel de árbitro supremo do comportamento de suas bases, a mesma Comissão acrescenta:

> "Somos também contra todo movimento grevista, sejam quais forem os motivos, justos ou não, quando feito sem prévio conhecimento e autorização da Comissão Executiva. (...) A Comissão Executiva não endossará nenhum movimento feito à sua revelia. Queremos que haja disciplina em nossa corporação" (*O Trabalhador Gráfico*, São Paulo, 27/7/1927).

Partidária igualmente da imposição da "disciplina operária", é A Internacional — o sindicato dos empregados em hotéis, restaurantes, bares e similares de São Paulo, cujos dirigentes afirmam que a vanguarda precisa agora

> "(...) disciplinar todos os seus membros (os sindicalizados); acostumá-los a obedecer às palavras de ordem emanadas dos órgãos competentes. (...) Muitos dos movimentos até aqui feitos têm sido prejudicados por serem feitos à revelia de nossos dirigentes. Se estes fossem consultados veriam se o momento era ou não de probabilidade de êxito" (*O Internacional*, São Paulo, 15/5/1928).

Como pondera Munakata, não se trata de negar a necessidade de uma preparação cuidadosa de qualquer luta reivindicatória. Outra coisa, muito diferente, porém, é transferir o momento da decisão aos dirigentes, em nome da suposta superioridade das vanguardas em relação às massas, às quais se nega a iniciativa e capacidade criadora.

A partir dessa concepção, segundo a qual as vanguardas detêm o *saber total*, outorgando a organização e a própria consciência às massas invertebradas, o PCB difunde no meio sindical a idéia de que o momento da tomada de decisões, cuja natureza é essencialmente política, deve ser encarado como uma *técnica*. Enquanto tal, só os especialistas podem exercê-la.

A esse propósito, a imprensa sindical sob influência dos comunistas esclarece sem meias palavras que

> "(...) o que nós precisamos hoje, na época das grandes lutas de classe, é termos *técnicos capacitados* para organizar as grandes massas desorganizadas" (*O Internacional*, São Paulo, 1/1/1927).

Nessa fase, a maior das organizações de classe controlada pelo PCB começa a modificar seus estatutos, prevendo a criação de uma "série de órgãos consultivos e técnicos, autônomos entre si e até com estatutos e diretorias próprios".

Outro exemplo típico dessa tendência é o do sindicato dos hoteleiros e similares do Rio de Janeiro. Ao reformar seus estatutos, transforma seu conselho administrativo em órgão *técnico-consultivo* da diretoria, passando a contar, além disso, com um secretário *remunerado*, encarregado da seção de colocação (bolsa de trabalho) do sindicato.

Embora hoje a burocratização dos sindicatos seja um fenômeno geral, naquela época isso contrariava frontalmente a tradição histórica do sindicalismo brasileiro, que, desde os anos dez, sob a orientação dos anarquistas, recomendava que

"a base essencial e primária de organização é a resistência e a propaganda e que, por isso, a instalação das bolsas de trabalho não deve nunca embaraçar a ação de resistência, devendo o serviço de colocação ser feito pelas próprias comissões administrativas dos sindicatos, para se evitar o funcionalismo burocrático" (Edgar Rodrigues, *Socialismo e Sindicalismo no Brasil*, Laemmert, 1969).

No interior da política sindical do PCB, porém, as seções de colocação acabam sendo utilizadas como mais um instrumento de controle do movimento operário. É o caso da União dos Trabalhadores Gráficos de São Paulo, controlada pelos comunistas, cuja seção de colocação tem como um de seus objetivos

"(...) exercer ativa vigilância sobre a entrada de novos operários em cada estabelecimento, a fim de evitar que elementos pouco experientes ou *refratários às boas normas sindicais* sujeitem-se a salários e condições de trabalho prejudiciais à coletividade gráfica (...), *implantando ou alimentando com esta conduta a desarmonia entre a classe*" (K. Munakata, *op. cit.*).

Depois de 1930, com a criação do Ministério do Trabalho, o sindicalismo oficial, dispondo de muito mais recursos que o PCB, irá implementar muitas propostas do partido, exigindo atestado ideológico dos trabalhadores e impondo a regulamentação das profissões, por exemplo.

Em todo caso, nesta altura, impõe-se uma pergunta: a influência do PCB na política sindical não estaria sendo exagerada? Afinal, o partido, naquele curto período entre 1927 e 1929, não conseguiu, devido à sua debilidade, realizar grande parte de suas propostas.

O importante, contudo, — como diz Munakata — é que a idéia dessas propostas espalhou-se. Por outro lado, seria ingênuo afirmar que as manobras e a astúcia do PCB fossem as únicas responsáveis pelo surgimento de inúmeros sindicatos controlados pelos comunistas e pelo esvaziamento dos anarquistas à frente do movimento operário. É preciso reconhecer que essas propostas (centralização, unidade, colocação) deviam exercer uma forte atração sobre a massa proletária. É possível mesmo que elas fossem necessárias, e se constituíssem na resposta adequada do movimento sindical diante da permanente ofensiva dos patrões e do governo.

Mas o problema não está aí. Nesse processo o que deve ser questionado "é a *instrumentalização* dessas necessidades de maneira a se constituírem em mecanismos de controle *dos* trabalhadores e não de controle *pelos* trabalhadores".

Em outras palavras, o fundamental é que, naquele período, a classe estava sendo manipulada também por aqueles que se diziam seus únicos representantes. E isso em nome de uma política de conquista de poder que tem muito a ver com a idéia de revolução de 30.

O OUTRO LADO DA ESTRATÉGIA

Contudo, o controle do movimento operário se constituía em apenas um dos lados da política de conquista de poder desenvolvida pelo PCB; essa política, como se viu antes, era, em última análise, a resultante de uma estratégia geral concebida longe do Brasil, pela Internacional.

O outro lado dessa política, intimamente articulado com a ação no interior do movimento operário, o PCB o desenvolvia no nível parlamentar, a chamada política eleitoral. Nessa perspectiva, uma das chaves para a sua compreensão, vale dizer, para o entendimento do processo revolucionário em torno de 30, continua sendo a estratégia da IC.

Esse enfoque analítico, que *desvenda um significado inteiramente novo* dos acontecimentos daquele período, é adotado pelo historiador Edgar S. de Decca em seu *1930, O Silêncio dos Vencidos* (Brasiliense, 1980). E é justamente esse enfoque que inspira este livro. Constata-se que, com a vitória dos bolcheviques, em 1917, venceu também uma teoria da revolução, entre as existentes na sociedade russa daquele período. Lênin, com sua leitura sobre a revolução democrático-burguesa como uma das etapas para se alcançar a ditadura do proletariado, foi o grande vencedor. Essa estratégia leninista de revolução, que alcançara o poder na Rússia, será adotada como modelo pelo PCB a partir de 1928.

Quais os fundamentos dessa teoria da revolução democrático-burguesa na sua concepção leninista?

Confrontando as teses de Lênin com as de Rosa Luxemburgo em torno dessa questão, fica demonstrada com clareza uma diferença fundamental no pensamento desses dois teóricos. Para Lênin, a etapa representada pela revolução democrático-burguesa é constituída, basicamente, pelo desenvolvimento do capitalismo, quando ocorre nos chamados países atrasados. Embora tal processo revolucionário deva estar sob a direção política do proletariado, suas tarefas consistem em desenvolver as forças produtivas capitalistas (modernas), a fim de que possam ser eliminadas as antigas formas de produção ainda existentes nessas sociedades atrasadas. A ênfase dessa concepção de revolução, na vertente leninista, recai, portanto, fundamentalmente, no conflito entre forças produtivas arcaicas e modernas.

Já no pensamento de Rosa Luxemburgo o eixo fundamental da questão, no decorrer do processo de revolução democrático-burguesa, é deslocado do choque entre forças produtivas para o da conquista de liberdades políticas e direitos sociais pelo proletariado. Ou seja, para Rosa, o conflito básico ocorre entre o capital e o trabalho.

Por conseguinte, na visão de Lênin, a ênfase na missão histórica do capitalismo traz em si uma idéia de progresso em relação ao passado feudal ou semifeudal; ao mesmo tempo, reserva-se um papel secundário ao proletariado, à sua direção política, nesse processo de modernização comandado pelo capitalismo. Assim, nessa etapa do desenvolvimento histórico, o prioritário é a destruição das estruturas feudais e o desenvolvimento das forças produtivas capitalistas.

Está implícita nessa teoria, em sua versão leninista, a idéia de que a burguesia industrial é "débil" nos países atrasados. Por isso, a estratégia fundamental do operariado não pode basear-se na luta contra o capital, mas sim numa aliança com o campesinato para enfrentar o feudalismo.

Nessa perspectiva, torna-se mais fácil compreender por que o PCB lutava para conquistar a hegemonia sobre o movimento operário, impondo-lhe uma política organizatória de controle e manipulação. Tratava-se, antes de mais nada, de desqualificar a luta de classes, ocultando o fato de que o conflito real dava-se entre o capital e o trabalho.

Um dos exemplos mais impressionantes do transplante mecânico que o PCB fez da teoria de Lênin para o Brasil é o livro *Agrarismo e Industrialismo*, de Otávio Brandão, escrito em 1924, mas que só foi publicado em 1926, sob o pseudônimo de

Fritz Mayer. O próprio autor o considera a "primeira tentativa de interpretação da realidade brasileira segundo as idéias de Marx, Engels e Lênin". Entretanto, apesar do baixíssimo nível teórico de suas análises, *Agrarismo e Industrialismo* irá desempenhar um importante papel, durante muitos anos, como principal inspirador da linha política adotada pelo PCB.

Numa demonstração exemplar de mecanicismo em relação às análises de Lênin sobre a Rússia, Brandão só enxerga no Brasil dos anos vinte uma "economia agrária, economia feudal, como a da Espanha, Pérsia, Síria, Mesopotâmia, Japão. A indústria é incipiente, reduzida ao litoral e adjacências".

E, tomando a política como se fosse um puro reflexo daquilo que ele considera como sendo um estágio agrário das "forças produtivas", afirma que

"a política é fatalmente agrária, política de fazendeiros de café, instalados no Catete. Existe uma oposição burguesa desorganizada, caótica. Dois únicos partidos organizados — o Comunista, ainda fraco, pobre, fundado há pouco mais de dois anos, e o Partido Republicano, dos grandes fazendeiros de café, partido forte, rico, partido do governo — quer dizer, os dois extremos, a extrema esquerda e a extrema direita. Uma burguesia industrial e comercial politicamente nula, desorganizada. O atraso político é tamanho que a burguesia industrial ainda não formou o seu partido, enquanto o proletariado

Laura e Otávio Brandão, dirigentes do PCB nos anos vinte. Em 1926, Brandão, ex-anarquista, publicou um trabalho que inspirou durante muito tempo a linha política do partido.

já conseguiu formar o seu partido desde 1922 (...)".

Desenvolvendo a construção desse *real*, o qual deverá, em seguida, condicionar toda uma estratégia política da classe operária, Brandão não hesita:

"O fazendeiro de café, no Sul, como o senhor de engenho no Norte, é o senhor feudal. O senhor feudal implica a existência do servo. O servo é o colono sulista das fazendas de café, é o trabalhador de enxada dos engenhos nortistas. A organização social proveniente daí é o feudalismo na cumeeira e a servidão nos alicerces. Idade Média. (...)".

No afã de adequar a realidade à teoria, o autor acaba introduzindo nesta um elemento inexistente no original — a pequena burguesia revolucionária:

"Apoiemos, como aliados independentes, *como classe independente*, a pequena burguesia na sua luta contra o fazendeiro de café, pois, segundo Marx, é preciso sustentar os partidos pequeno-burgueses quando estes resistem à reação (...)".

A descoberta da pequena burguesia como grupo revolucionário nada tem a ver com o pensamento de Lênin sobre a revolução democrático-burguesa, mas foi a maneira que Brandão encontrou para justificar, no caso brasileiro, as tentativas de aliança com os revoltosos de 1922 e 1924, tática que o PCB irá concretizar nos anos seguintes, através do Bloco Operário e Camponês (BOC).

De fato, no início de 1927, o surgimento do BOC, esse quase-desconhecido da historiografia brasileira, é um acontecimento decisivo no processo revolucionário que se inicia em 1928. Estudando as vicissitudes da estratégia do PCB e as origens do BOC, Paulo Sérgio Pinheiro (*Política e Trabalho no Brasil*, Paz e Terra, 1975) assinala que, após o Segundo Congresso do PCB, em 1925, surge uma nova palavra de ordem: bloco unido das organizações operárias.

Com essa nova tática, o partido procurava contornar, basicamente, dois obstáculos: as dificuldades impostas pela clandestinidade e as origens anarquistas de uma grande parte de seus militantes. Nesse sentido, o depoimento de Astrojildo Pereira, seu secretário-geral, é esclarecedor. Nessa época, segundo Pereira, o PCB

> "continuava a ser, com efeito, um pequeno agrupamento de militantes revolucionários, organicamente, e além do mais, teoricamente fracos, tendo concepções sectárias que dominavam, não sendo capazes de se ligar às massas, e de tirar proveito das condições objetivas, sob alguns aspectos extremamente favoráveis".

Essas as razões que levarão o partido a tentar

aproximar-se de outras organizações progressistas. Daí os acenos a setores da pequena burguesia como forma de romper o bloqueio à ação política que lhe era imposto não só pelas classes dominantes como também pela sua própria fraqueza interna.

Entretanto, independentemente desses motivos, viu-se mais atrás como um dos dirigentes do PCB, Otávio Brandão, já em 1924, preconizava a adoção dessa tática de aliança com grupos pequeno-burgueses, em nome das idéias de "Marx, Engels e Lênin".

Em 1926, com a eleição de Washington Luiz e a suspensão do estado de sítio, que permitiu ao partido sair da clandestinidade por alguns meses, abriu-se uma brecha no fechado campo político oficial. Em janeiro de 1927, o PCB, aproveitando essa abertura e obedecendo à orientação da Internacional, propõe, através de uma "carta aberta", uma política de frente única com outros grupos operários e com elementos da pequena burguesia considerados progressistas.

Essa política de "frente única proletária" tinha finalidades exclusivamente eleitorais. O que se pretendia, segundo explicava o PCB na carta, era apoiar as candidaturas que assegurassem a defesa dos interesses proletários nas próximas eleições para o Congresso Nacional, marcadas para fevereiro de 1927.

Mas, na realidade, o que acontecia — como o próprio Astrojildo Pereira irá declarar mais tarde — é que

> "os comunistas não possuíam capacidade real para participar de eleição com alguma vantagem, mínima que fosse, e que a saída mais acertada seria apelar para uma frente única eleitoral, baseada numa plataforma unitária, e assim disputar a eleição como força independente de classe".

Por isso, decidiram lançar a proposta para a formação de um bloco operário, embora, na carta aberta, reconheçam que

> "boa parte da classe operária, justamente a sua vanguarda mais combativa, não se desprendera ainda de velhas tradições anarquistas, infensas a qualquer forma de participação em eleições e lutas parlamentares" (*A Nação*, 5/1/1927).

Surpreendentemente, porém, o partido afirma que, pela primeira vez, "o proletariado vê uma oportunidade de intervir nas eleições". Afinal, por que essa insistência na participação eleitoral, quando o próprio partido está reconhecendo que existe uma resistência por parte dos principais interessados, presumivelmente os trabalhadores, a esse tipo de participação?

É que os trabalhadores — diz o PCB na carta aberta — tomavam progressivamente consciência de que seus interesses opõem-se aos da burguesia. Daí o partido acreditar que chegara a hora de os eleitores proletários apoiarem os candidatos que apresentassem um programa que atendesse aos seus interesses de classe.

Mas o que dá direito ao partido de assumir os interesses do proletariado, falando em seu nome? O PCB apresenta-se como a vanguarda consciente do proletariado brasileiro, como o único partido que representa verdadeiramente os interesses e as aspirações do conjunto do proletariado. Essa a fonte de seu direito. Graças a esse papel ele pode dirigir-se aos grupos e aos candidatos que querem defender os interesses da "massa operária" propondo-lhes a formação de um "bloco operário".

E quais eram os interesses e aspirações do conjunto dos trabalhadores naquela conjuntura, cuja defesa justificava a criação da frente única? O PCB adianta que o custo de vida é a questão central, que afeta as "classes laboriosas em geral":

> "A carestia dos gêneros, a crise de habitações, a falta de trabalho, a inflação, a baixa cambial, a política escorchadora dos impostos federais, estaduais e municipais, toda sorte de agravantes pesando principalmente sobre os pobres, tudo isso cria uma base comum de interesses que o bom senso indica deverem ser defendidos pelo esforço comum dos interessados".

A partir desse diagnóstico da situação vivida pelos trabalhadores, o PCB elabora uma plataforma para o Bloco Operário, sobre a qual seus candidatos deveriam estar de acordo, e que constava, entre outros, dos seguintes pontos: legislação social regulando a jornada de oito horas, 48 horas semanais, contratos coletivos de trabalho, salário mínimo, proteção à mulher e à criança, proibição do trabalho aos menores de 14 anos.

Ao lado dessas reivindicações de ordem econômica, seus candidatos deviam lutar também por uma pauta política, defendendo a abertura de relações com a União Soviética, anistia aos presos políticos e pelo pagamento de indenizações aos sobreviventes deportados pelo governo para a Clevelândia — colônia penal na fronteira com a Guiana Francesa.

Nasce, assim, como criação do PCB, o Bloco Operário. Entretanto, depois que o governo de Washington Luiz promulgou a chamada Lei Celerada, em meados de 1927, lançando novamente o PCB na ilegalidade, passou a chamar-se Bloco Operário e Camponês (BOC), substituindo o partido nas atividades públicas.

Em relação à plataforma apresentada pela "frente", um de seus aspectos chama particularmente a atenção: embora colocasse ênfase na questão dos direitos sociais dos operários, nenhum de seus pontos nega o sistema social vigente, pleiteando, acima de tudo, reformas modernizadoras. Trata-se, antes de mais nada, de uma pauta de reivindicações inscrita na estratégia de revolução democrático-burguesa, preconizada pela Internacional Comunista.

De qualquer maneira, porém, deixando de lado por ora o caráter "reformista" da estratégia do BOC e suas implicações políticas com o processo revolucionário em torno de 30, é difícil negar que sua plataforma parecia, à primeira vista, atender aos reais interesses da classe operária naquele momento.

De fato, submetida a uma contínua repressão por parte das classes dominantes e diante do balanço "negativo", do ponto de vista das conquistas efetivamente alcançadas, resultante das lutas travadas no passado recente, seria de se supor que a classe operária, paulatinamente, estivesse aglutinando-se em torno do BOC. Dito de outra maneira, seria legítimo supor que o BOC estivesse conquistando uma efetiva representatividade junto à classe.

Contudo, essa questão da representatividade do BOC é, antes de mais nada, eminentemente ambígua, como se verá adiante. Analisando a carta aberta dirigida pelo PCB àqueles que deveriam participar do novo partido, K. Munakata chega a conclusões surpreendentes. No que se refere à representação parlamentar do proletariado, por exemplo, ela decorreria — segundo o PCB — da necessidade que os operários tinham de apresentar

> "candidatos que representam realmente seus interesses de classe independente; (...) ele não quer mais votar no candidato-patrão — ou aliado e criatura do patrão — o qual será necessariamente, nas Câmaras, como tem acontecido até hoje, o defensor dos interesses patronais contra os interesses proletários".

E isso — continua a carta — já era perfeitamente possível, desde que, naquela época, o proletariado já estava

> "adquirindo uma consciência de classe — o que quer dizer que já vai compreendendo serem seus interesses antagônicos aos interesses da burguesia".

Estão dadas, portanto, a possibilidade e a necessidade da participação do proletariado na política parlamentar. "É a possibilidade — a consciência de classe — que traz à tona a necessidade."

Aparentemente, nada a objetar. A justificativa para a participação está dada. Mas onde estão os elementos que informam a justificativa? Como foi que o PCB chegou à conclusão que o proletariado brasileiro "vai adquirindo uma consciência de classe"? Não existe qualquer informação sobre isso. E, no entanto, frisa Munakata, o documento não faz por menos: é a classe operária que sente a possibilidade e a necessidade de intervir na política. Conseqüentemente,

> "O Partido Comunista do Brasil — conclui a carta — constituído pela vanguarda consciente do proletariado, não poderia deixar de participar nas próximas eleições de fevereiro".

Ora, o que ocorreu aí efetivamente, foi uma pura manobra. É o PCB que, diante da possibilidade de participar com êxito das eleições, vai propor aos operários a formação de um novo partido político no Brasil. Daí a necessidade de *atribuir* ao proletariado uma consciência de classe.

Aqui, atenção: não se está querendo afirmar que o proletariado fosse incapaz de adquirir consciência de seus interesses, mas apenas que essa consciência tinha possibilidade de se manifestar de outras formas que não eram, necessariamente, através do desejo de participação na política parlamentar, como queria o PCB.

Não fosse assim, por que o PCB teria recorrido a essa manobra? Em primeiro lugar, como reconheceu Astrojildo Pereira, porque seus dirigentes sabiam que a idéia de formação de um partido político não teria, provavelmente, maior repercussão junto ao operariado, devido à sobrevivência, entre suas lideranças, de ideais anarquistas, visceralmente contrários à participação na política institucional.

Em segundo lugar porque, recorrendo à "carta aberta", os seus leitores, supostamente operários, são utilizados como se fossem eles os principais organizadores do Bloco Operário. Dito de outra maneira: o PCB quer criar a ilusão de que o BOC não é uma organização que aparece pedindo votos aos leitores da carta; ao contrário, são estes que, sentindo a agudização da luta de classes naquele momento, lançam-se à organização do novo partido. Nesse jogo, o PCB entraria apenas como "instrumento da vontade do proletariado", desde que se constituía na "vanguarda da classe".

Dispondo as cartas de acordo com seus interesses, o partido *constrói* os "aliados" e os "traidores" do BOC, quer dizer, da causa do proletariado.

Tendo como objetivo não declarado a vitória nas eleições, o PCB envia a carta aos adversários eleitorais que irão disputar com o BOC os votos dos trabalhadores. Quem não aderir ao BOC é desonesto, insincero, faz o jogo da burguesia. Maurício de Lacerca, político carioca de tendência liberal, com uma carreira construída à margem dos partidos e que defendera vários projetos de lei favoráveis aos interesses operários, foi um dos envolvidos pela manobra. Outro dos "convidados" pelo PCB era o Partido Socialista Brasileiro.

Tanto Lacerda como o PSB tinham profundas e conhecidas divergências com o PCB, mas, exatamente por isso, são escolhidos como destinatários da carta, convidando-os a participar do BOC. Diante da óbvia recusa de ambos, são imediatamente taxados de *traidores*. *A Nação* torna transparente esse tipo de política ao escrever que

> "São indisfarçáveis os resultados moralizadores já obtidos pela carta aberta do Partido Comunista. (...) Nenhum operário sensato, nenhum militante honesto, nenhum homem de princípio defensor da política proletária poderá, decente, recusar sua colaboração à campanha do Bloco Operário. (...) Danton Jobim e outros, membros do Partido Socialista, revoltados com a atitude antiproletária de seus chefes, rompem com eles, desligam-se do Partido e colocam-se

honestamente ao lado do Bloco Operário".

No auge dessa campanha de descrédito contra seus adversários, o PCB chega a acusar Maurício de Lacerda de *fascista*, cabendo ao PSB o epíteto de *social-fascista*. É verdade, contudo, que no capítulo originalidade, escassos méritos cabem ao PCB no emprego de tais métodos, os quais a Internacional vinha pondo em prática desde 1924, ao preconizar a tática de "frente única" no meio sindical. (Cf. a análise de Fernando Claudín.)

Por outro lado, existe algo que não se pode negar ao PCB: ao *construir* o Bloco Operário *pelo* proletariado e introduzi-lo na cena política como um partido *do* proletariado, os comunistas criaram um fato político fundamental no âmbito do processo revolucionário que se inicia em 1928.

UMA REVOLUÇÃO DEMOCRÁTICO-BURGUESA

Segundo de Decca, é o caráter democrático-burguês que a proposta do BOC confere, a partir de 1928, à luta de classes.

Por que 1928? Porque nesse momento surgem várias propostas de revolução divergentes entre si, na medida em que expressam interesses de classes sociais antagônicas. Tais propostas, ao entrarem em luta, "produziram um conflito de classes, no qual estas últimas definiam sob múltiplas perspectivas o lugar de produção da própria história".

Por isso o ponto de partida da análise é o engendramento das relações históricas a partir da multiplicidade de representações que as próprias classes sociais elaboram durante a luta. É no interior desse processo de confrontação entre visões diferentes daquilo que seria o *real* que se produz um sentido na história, sentido esse que não é dado por nenhuma realidade preexistente.

Assim, é precisamente o BOC que, com sua proposta, irá conferir à luta de classes, a partir de 1928, um caráter democrático-burguês. "A partir daí define-se a revolução democrático-burguesa como um lugar privilegiado onde a história deveria ser produzida, sob o ângulo do partido da classe operária" (de Decca, *op. cit.*). De fato, será com base nessa estratégia, resultante da sua interpretação da história, que o BOC elabora seu programa de lutas e suas alianças.

Tais alianças, o BOC vai estabelecê-las, em 1928, basicamente com duas forças políticas que se opunham ao PRP naquele momento: os "revolucionários" (que a memória da Revolução de Trinta irá designar, mais tarde, como "tenentes"), e o Partido Democrático Paulista, que reunia setores da classe dominante descontentes com o governo do PRP.

Entretanto, quem definiu, naquele momento, o caráter do processo revolucionário como sendo democrático-burguês foi o partido que falava em nome da classe operária. Isso significa que o BOC não apenas qualifica sua ação como também os outros agentes sociais, instituindo aquilo que seria o *real* para a classe operária.

Quer dizer, o partido dos operários, a partir da sua análise da realidade, julgou que estavam dadas as condições para uma revolução democrático-burguesa e que ele poderia assumir a *direção política* desse processo.

Da mesma forma, o Partido Democrático e os

"revolucionários" criaram suas respectivas "realidades" através de suas propostas (além de outras, que também estavam presentes e que nada tinham a ver com a categoria revolução), e que entraram em choque, no decorrer do processo, com a visão do BOC.

Em 1928, portanto, as forças sociais criaram um campo político sob o signo da indeterminação. Nessa perspectiva, colocavam-se duas questões fundamentais: qual dessas forças em presença seria capaz de assumir a *direção* política dos acontecimentos, ou seja, o encaminhamento da luta de classes; e quais as condições em que o partido que falava em nome da classe operária pôde explicitar a sua proposta de revolução democrático-burguesa.

Adotando esse procedimento — que revoluciona a historiografia sobre o Brasil contemporâneo — de Decca descarta a tradicional noção de "realidade histórica" adotada pela maioria dos autores, que, ao analisar tal período, balizam o "real" a partir de "fatos" determinados.

Assim, nessa visão tradicional, *1930* tomado como um fato em si mesmo tem seus "antecedentes" na "realidade", cujas manifestações reais são outros tantos "fatos": economia agroexportadora, Primeira República, oligarquias, "tenentes"...

Ao não assumir que essas realidades são construídas pelos diversos agentes sociais em luta através de suas representações — representações dos vencedores dessa luta — a historiografia encampa a "revolução de 30" como resultante final de um embate reduzido basicamente a dois grandes agentes: oligarquias *versus* "tenentes". Ora, essa é a visão do processo construído precisamente a partir da ótica dos vencedores, da sua memória.

Conseqüentemente, tal movimento de memorização dos vencedores, reduzindo todo o processo de luta entre 1928 e 1929 à idéia de revolução de 30, simplesmente suprime o lugar onde essa luta se verifica: o lugar da luta de classes, que é também o lugar da história. Com a supressão da luta de classes, suprime-se a própria história, substituída pela memória dos vencedores, que, com a idéia de revolução de 30, visa precisamente a encobrir que houve luta de classes.

Nesse momento da ideologia (memória), parece que o essencial a reter é que

"(...) a idéia se consuma então como pura transcendência. E sabe-se que esta realização responde a uma virtualidade do discurso ideológico em toda parte onde se exerce. Este tende a retrair-se rumo a um *ponto de certeza* onde se anule a necessidade de falar. (...) Contudo, o ponto de certeza é insustentável, a transcendência da idéia, vã. Pois o que é procurado não pode ser atingido, e é um além do social, uma certeza sobre o social como tal, um referente cuja perda está na origem da ideologia." (Claude Lefort, *As Formas da História*, Brasiliense, 1979, p. 322.)

No caso de revolução de 30, tal ponto de certeza,

insustentável, é a própria idéia de revolução, porque eminentemente ideológico. Por isso, de Decca propõe: como entender, portanto, a produção de relações históricas para além da idéia de revolução de 30, a qual, resultante do processo de luta de classes, é também seu ocultamento?

Trazendo à luz as propostas, as vozes, as práticas daqueles agentes sociais que também "acreditaram estar produzindo a história em torno de 30", e sobre as quais a revolução de 30 estabeleceu o mais absoluto silêncio.

OS CAMINHOS DA REVOLUÇÃO

Quais eram, nessa época, os caminhos da revolução na América Latina para a seção Sul-Americana da Internacional Comunista?

"Temos a perspectiva de uma revolução democrático-burguesa. Esta revolução é dirigida, essencialmente, contra o feudalismo, pela ruptura das relações feudais no campo, pela entrega da terra aos camponeses. Mas, em nossos países semicoloniais, trata-se também de uma revolução contra o imperialismo e a reação. Nos países latino-americanos, a escassa burguesia industrial está ligada aos imperialistas e ao feudalismo. Por isso, não desempenhará um papel revolucionário. As únicas forças antiimperialistas são: em primeiro lugar, os operários, depois os camponeses e por último uma parte da pequena burguesia. Claro está que esta pequena burguesia oscila entre a revolução e a reação, e constitui um aliado pouco seguro; mas se o proletariado segue a seu respeito uma linha justa, desempenhará um papel revolucionário, em certos períodos da revolução democrático-burguesa" ("El movimiento revolucionário latino-americano", documento da Seção Sul-Americana da IC, *in* de Decca).

Essa será também, no fundamental, a proposta de revolução do BOC para o Brasil, em 1928, oferecendo o conteúdo para uma aliança tácita entre as forças que se opunham ao governo de Washington Luiz, conduzindo a bandeira da luta contra a oligarquia.

Efetivamente, lendo a história do período através das lentes da Internacional, o BOC identifica, em primeiro lugar, o início da revolução democrático-burguesa nos movimentos armados de julho de 1924. Para as oposições, esse é o momento gerador da luta contra as oligarquias.

Em segundo lugar, os "revolucionários" de 1924 estariam cumprindo as tarefas da revolução agrária contra o feudalismo, tendo a Coluna Prestes como precursora das revoltas do campesinato. E, finalmente, o BOC identifica na luta antioligárquica o esforço de criação da própria nação, até então inexistente, por causa do domínio imperialista.

Essa proposta política satisfazia, naquilo que tinha de mais geral, às principais forças da oposição, ou seja, os "revolucionários" e o Partido Democrático, desde que ambos se definiam também a favor de uma genérica revolução antioligárquica.

Portanto, na perspectiva colocada pelo BOC, os grandes problemas do Brasil residiam no domínio exercido pelos grandes proprietários de terra (os "latifundiários"), cujo representante máximo era o Partido Republicano. Foi justamente esse tema da luta contra os latifundiários, que sensibilizava inúmeros setores da sociedade, que criou rapidamente, nessa época, um sujeito político — os "revolucionários" — condutor da luta para afastar do governo os latifundiários.

E a burguesia industrial brasileira, como era avaliada pelo BOC? Pouco numerosa ("escassa") e, portanto, "débil", estava ligada aos imperialistas e ao feudalismo. Com ela não se poderia contar para as tarefas revolucionárias de construção da nação. Por isso, só uma aliança de classes (operários, camponeses e pequena burguesia) poderia criar a nação, cujo espaço estava ocupado pela aliança entre o feudalismo e o imperialismo.

Em suma, o BOC caracterizou a revolução brasileira, em 1928, como uma luta dirigida unicamente contra aquilo que de Decca chama de "fantasma da oligarquia", isto é, contra o feudalismo e o grande capital estrangeiro.

Fantasma porque oligarquia é uma construção ideológica de diversos setores da classe dominante em luta com os grupos hegemônicos que monopolizavam as áreas básicas da economia e controlavam o poder político. Nessa perspectiva, os descontentes também fazem parte do sistema "oligárquico", desfrutam dele. Nesta dimensão, não há diferença entre os "revolucionários" e o Partido Democrático.

Não obstante, a transfiguração de "oligarquia" em inimigo real irá produzir um efeito fundamental: desloca a contradição básica entre o capital e o trabalho do campo político, ocultando-a, ao mesmo tempo que oculta a luta de classes.

Nesse cenário de representações criado no interior do processo da luta de classes, o partido que falava em nome da classe operária vem dar uma contribuição decisiva ao colaborar na construção do "fantasma oligárquico". Com efeito, sua tese sobre a "fraqueza" da burguesia industrial justifica plenamente que se deixe fora do palco a contradição fundamental entre o capital e o trabalho.

Este último ponto — implícito na proposta do BOC — irá permitir que se estabeleça o mais amplo acordo com as outras propostas de revolução, uma vez que nenhuma delas admitia que a luta contra o fantasma da oligarquia implicasse também assumir a contradição entre o capital e o trabalho.

De fato, o programa geral dos "revolucionários", elaborado em 1924, sequer sugere essa questão em seus oito pontos:

"a) voto secreto; b) combate à corrupção administrativa e à fraude eleitoral; c) verdade de representação política; d) liberdade de imprensa e pensamento; e) centralização do Estado e correção dos excessos da descentralização administrativa; f) limitação das atribuições do Poder Executivo e restabelecimento do equilíbrio entre os três poderes; g) moralização do Poder Legislativo; h) ampliação da autonomia do Poder Judiciário; i) obrigatoriedade do ensino primário e expansão do ensino profissional".

No período 1928-1929, os discursos dos "revolucionários", que expressam, por sua vez, concepções diferentes de revolução, continuarão passando ao largo da contradição capital-trabalho.

No entanto, a despeito de suas diferenças, existem pelo menos dois pontos nos discursos das oposições, analisados por de Decca, que os unificam. O primeiro é o reconhecimento de uma liderança comum — a figura de Luís Carlos Prestes.

Na fala de Prestes, por exemplo, ele próprio *encarna* a revolução:

"(...) Dia a dia aumenta em mim a convicção de que os tais liberais desejam tudo menos a revolução... Resta-nos um único caminho: o caminho pelo qual venho há muito me batendo e que consiste em levantarmos com toda a coragem uma bandeira de reivindicações populares (...), capazes de estimular a vontade das mais amplas massas de nossa paupérrima população das cidades e do sertão".

Astrojildo Pereira, por sua vez, expressando a posição do BOC e do próprio PCB, identifica a chamada "Coluna Invicta" com a revolução em marcha:

> "A corajosa marcha da Coluna Prestes exerceu enorme influência no despertar das massas desesperançadas e apáticas (...). Quando da revolução de 1922 e da mesma forma em 1924, os revolucionários bateram-se por pequenas reformas (...). Mas, com o desenrolar do movimento, seu programa clamou por uma revolução mais profunda (...)".

Quanto ao Partido Democrático, embora seu representante não mencione o nome do "Cavaleiro da Esperança", reconhece tacitamente sua liderança ao apoiar os "revolucionários" e seu movimento:

> "Tem-se procurado indispor o Partido Democrático com os revolucionários brasileiros (...). Nem o Partido Democrático pode ser contra os revolucionários, uma vez que deles conta em sua direção e em suas fileiras numerosos elementos participantes do movimento (...)".

Consenso idêntico é alcançado também em torno do segundo ponto — a definição das oligarquias como o inimigo comum.

Prestes, no mesmo discurso anterior, identifica-as nos "bernardes e epitácios":

> "Se não aproveitarmos o momento político e econômico para radicalizarmos nosso programa,

seremos ridiculamente envolvidos pelos bernardes e epitácios (...)".

Astrojildo, igualmente, elege como alvo principal da revolução as oligarquias agrárias. Segundo o dirigente do PCB, os principais objetivos dos "revolucionários" da Coluna eram "o confisco das grandes propriedades, a repartição do latifúndio, a eliminação dos impostos exorbitantes lançados sobre o campesinato empobrecido".

São esses pontos que "garantem a possibilidade de um acordo tácito entre as várias tendências políticas que conjuga interesses das classes dominantes descontentes com o governo do Partido Republicano (caso do Partido Democrático), dos setores médios urbanos (os "revolucionários") e da classe operária ("BOC")" (de Decca, *idem*, *ibidem*).

Entretanto, ao mesmo tempo que existia uma possibilidade de acordo entre os descontentes com o governo de Washington Luiz, a classe operária surgia, em 1928, como uma presença incômoda para as oposições.

Sua crescente mobilização — greves, criação de novos sindicatos, a luta pela criação da Confederação Geral do Trabalho, fundada no início de 1929 — estava a indicar, tanto para o governo como para as oposições, um potencial que ia muito além da luta contra as oligarquias e das vagas questões em torno do "voto secreto e do combate à corrupção".

Por isso mesmo tornou-se uma questão estratégica para todos os setores das classes dominantes —

Revolução de 1930: A Dominação Oculta

Prestes (de barba), refugiado na Bolívia em 1927, quando o PCB o procurou para uma primeira tentativa de aliança com os "revolucionários".

oposições e governo — "ganhar" a classe operária sem alterar as regras do jogo político — o que significava, fundamentalmente, não permitir que a proposta de revolução do BOC fosse levadas às últimas conseqüências pela classe operária. Em outras palavras, tratava-se de evitar que o confronto transbordasse do genérico combate antioligárquico para uma luta aberta entre o capital e o trabalho.

Em fevereiro de 1928, Maurício de Lacerda, num comício do Partido Democrático realizado em Santos, lança uma proposta que visava, essencialmente, a absorver a classe operária no movimento geral das oposições, transformando-a num parceiro político.

Ao mesmo tempo que defendia a concessão da anistia aos revoltosos de 1924, exilados no exterior, Lacerda confere à figura de Prestes a liderança de todo o movimento de resistência ao PRP, "desfraldando ali também a bandeira vermelha das reivindicações nacionais, que tinham por chefe o general Luiz Carlos Prestes".

Em seguida, passando por cima das verdadeiras origens do Partido Democrático — resultante de divergências no interior da classe dominante — Lacerda apresenta-o para o conjunto da sociedade como um continuador da luta dos "revolucionários" de 1924:

"Via (no Partido Democrático) um elemento de vanguarda, que prolongava no tempo e ampliava no espaço o eco, o espírito e a obra nacional das revoluções de julho, as quais surgiram para demolir a política da oligarquia, os governos de profissionais, e em seu lugar colocar os governos da nação e a política do povo".

Finalmente o político fluminense aponta para a necessidade de as forças de oposição reconhecerem a classe operária como interlocutor político, uma vez que esta surgia como "força paralela" ao próprio PD, através dos partidos operários. Recomenda, ainda, numa clara alusão àqueles setores que resistiam à participação da classe operária, a necessidade de união na luta contra o inimigo comum, ou seja, as oligarquias, representadas pelo Partido Republicano:

"A obra do Partido Democrático, como dos partidos operários, era de cooperar com a agitação fecunda dos espíritos, a agitação das massas (...). Cumpria, pois, apoiá-lo, estimulá-lo num propósito liberal, sem prejuízo também de outra força que lhe surgia paralela, dos partidos operários (...). Em tudo, porém, era preciso elementar cuidado de não se tornarem incompatíveis essas duas forças que necessariamente teriam de convergir para derrubar o inimigo comum no campo político do presente".

Configura-se nesse momento, portanto, uma proposta de acordo amplo e tácito dirigido a todas as forças políticas que formavam o bloco da oposição ao PRP: o PD, os "revolucionários", representados pela figura de Prestes, e o BOC.

Contudo, Maurício de Lacerda não era o único a propor essa aliança com a classe operária. O jornal diário *O Combate*, de São Paulo, pertencente à "grande imprensa" e ligado à oposição, encarregou-se de difundir, durante todo o ano de 1928, essa proposta de convergência das diferentes revoluções em pauta.

Criando uma seção diária — "O Movimento Operário" — exclusivamente para o BOC, *O Combate* passou a dar uma intensa cobertura aos mais variados assuntos que interessavam aos trabalhadores.

No entanto, o que levava um jornal da grande imprensa, sem qualquer ligação com os operários, a manifestar essa súbita simpatia? Segundo de Decca, tal "abertura para a classe operária torna-se extremamente decisiva para se pensar o encaminhamento da luta política, pois se esta proposta defendida pelo *O Combate* fazia entrar na cena da revolução as vozes do proletariado, por outro lado, *cortava* em muito as suas pretensões de *direção* da luta política".

Por que ocorreria um enfraquecimento da capacidade de direção política da classe operária se o jornal estava justamente oferecendo espaço ao BOC para difundir suas posições?

Ocorre que essa abertura não se dava de forma indiscriminada: ela visava a absorver um *único* partido da classe operária — especificamente o Bloco Operário e Camponês. Qual o significado disso?

Quer dizer que, no âmbito da proposta de revolução de *O Combate*, poderia haver uma aliança com o operariado desde que este estivesse representado por um partido cuja proposta de revolução fosse compatível com os objetivos do movimento de oposição.

Ao aceitar essa condição implícita, o BOC pôde transformar a seção "O Movimento Operário" numa poderosa arma à sua disposição contra outras tendências políticas que ainda tinham representatividade no interior do próprio movimento operário.

Anarquistas e anarco-sindicalistas serão os alvos principais do ataques do BOC. Esse o sentido, por exemplo, da intensa campanha desencadeada pelo BOC através de *O Combate*, conclamando o operariado a se filiar à agremiação. Ou então enfatizando que a única maneira de desenvolver a luta pelos direitos políticos e sociais do proletariado era o fortalecimento do partido.

"Bloco Operário e Camponês — Apelo aos trabalhadores de São Paulo

Não nos cansaremos de chamar a vossa atenção para a imensa responsabilidade que vos pesa sobre os ombros. Tendes um partido e é a vós unicamente que compete sustentá-lo. Se amanhã fracassar o esforço da vanguarda não tereis o direito de protestar. (...) Sereis, sim, os únicos culpados, pois a vanguarda nada pode fazer sem o vosso apoio, sem o concurso de vossa atividade. O proletariado paulista tem permanecido numa inércia verdadeiramente lamentável. Viva o BOC! Viva a consciência da classe operária! Viva a organização dos trabalhadores paulistas" (*O Combate*, 9/7/1928).

É interessante observar que, em 1928 e 1929, a classe operária de São Paulo poderia ser chamada de tudo, menos de "inerte", pois a mobilização era intensa. A crítica do BOC, portanto, só pode ser atribuída à resistência oposta à sua política por outras tendências do movimento operário.

Com efeito, os anarquistas, que não tinham espaço em *O Combate*, publicavam artigos atacando a orientação de arregimentar os trabalhadores em "blocos operários", reafirmando sua linha contrária à participação político-partidária da classe operária.

Desde 1927, aliás, os anarquistas reconheciam, através de *A Plebe*, que os bolchevistas, "que se chamam revolucionários", vinham ganhando terreno dentro das associações operárias. E, ao mesmo tempo, denunciavam, na campanha de descrédito contra os anarquistas, e na obra de absorção dos sindicatos, "um plano geral vergonhoso e concebido pela Internacional Sindical Vermelha".

Segundo o jornal anarquista, a Internacional Sindical Vermelha passara todo o seu Terceiro Congresso discutindo a melhor maneira de aplicar o "ouro de Moscou" na conversão dos sindicatos ao comunismo, e de "desacreditar de todas as formas" os militantes libertários e sindicalistas revolucionários (cf. John W. F. Dulles, *Anarquistas e Comunistas no Brasil*, Ed. Nova Fronteira, 1977).

De qualquer forma, porém, o importante é que o Bloco Operário Camponês consolidou suas posições junto à classe operária apoiado numa força decisiva: o conjunto das oposições ao Partido Republicano. E, respaldado na imprensa dessas oposições, pôde falar também em nome de sua própria revolução — a revolução democrático-burguesa.

De fato, *O Combate* encarregava-se de defender junto ao proletariado uma concepção de luta que tinha no *partido político-parlamentar* seu instrumento por excelência.

Além de permitir ao BOC suprimir outras tendências existentes no movimento operário, *O Combate* realiza eficazmente uma outra tarefa: generaliza para o conjunto da sociedade a concordância do movimento operário com uma única proposta de revolução, "cujo programa visava à aliança dos 'revolucionários', do Partido Democrático e do Bloco Operário e Camponês".

A fim de solidificar tal aliança, *O Combate* realiza simultaneamente uma dupla articulação: define o lugar da classe operária na revolução, adotando o BOC como seu único representante; e defende o Partido Democrático, identificando-o com os "revolucionários", cujo líder, Prestes, vai sendo construído como "chefe supremo da Revolução Brasileira".

Em outubro de 1928, esse campo de alianças ganha contornos definitivos; a campanha organizada por *O Combate*, em favor dos "revolucionários" exilados, articula-se com a outra — de anistia para os "soldados revolucionários", promovida pelo Partido Democrático:

> "De ordem do General Luiz Carlos Prestes, chefe supremo da Revolução Brasileira, a direção do *O Combate* comunica ao público que a subscrição aberta por este vespertino para socorrer aos soldados revolucionários montou ao total de 12:931$400 (...). A documentação da maneira por que *O Combate* aplicou a quantia subscrita pela generosidade do público paulista é a prova da honestidade indiscutível de Luís Carlos Prestes e, ao mesmo tempo, uma alta prova da confiança que esta folha mereceu do chefe do 5 de julho (alusão ao movimento de 1924)".

Seu objetivo era claro: tratava-se fundamentalmente de mobilizar a população em torno de Prestes, constituindo progressivamente o sujeito político de uma revolução que a cada passo explicitava a sua pluralidade de encaminhamentos segundo as diversas propostas políticas existentes.

Foram essas as condições — segundo de Decca — que possibilitaram ao BOC ser aceito, em 1928, como parceiro do acordo entre as oposições e único representante da classe operária. Valendo-se da própria estratégia do BOC, que se pretendia, desde o início, sob a égide do Partido Comunista do Brasil, representante exclusivo dos trabalhadores, a proposta de Maurício de Lacerda, implementada pelo *O Combate*, qualifica a *causa operária* como a *causa do BOC*.

Aceito este como único porta-voz legítimo da classe operária, tornou-se possível a emergência, no campo político, de uma outra proposta de revolução, a revolução democrático-burguesa do BOC, que só pôde explicitar-se porque as oposições a apoiaram justamente na medida em que o BOC sufocava as outras tendências do movimento operário.

Em suma, o que interessava ao conjunto das oposições era reconhecer como representante da classe operária um partido parlamentar e eleitoral; quer dizer, uma agremiação que assumisse serem o parlamento e o partido os únicos *lugares* onde existe a política — os lugares que a burguesia, historicamente estabeleceu como sendo os da política.

Essa estratégia das oposições explica, no essencial, a sustentação dada ao BOC pela imprensa burguesa. Utilizando o partido da classe operária, as oposições puderam afastar da cena aquelas tendências que, no interior do movimento operário, recusavam-se a aceitar o embate no campo delimitado pela burguesia.

Efetivamente, o BOC caiu, assim, na armadilha sutilmente montada pelas oposições: na medida em que sufocava as outras tendências da classe operária, fechava o círculo em torno de si mesmo, não lhe restando outra alternativa senão lutar no terreno legitimado pelas oposições.

"O BOC tornava-se aliado de uma revolução

que era definida fora dele, isto é, não lhe cabia realizá-la, e sua força política junto a outras tendências do movimento operário, embora crescente, significava, no final das contas, o seu próprio emparedamento" (de Decca, *op. cit.*).

Na realidade, ao utilizar o BOC como instrumento de sua luta pelo poder, o Partido Comunista dividiu por dentro o movimento operário, refratário, em sua maioria, ao jogo parlamentar; ao vencer seus adversários, o BOC transformou-se, em 1928, na agremiação reconhecida pelas oposições como representante da classe operária. Contudo, isso significou enclausurar a própria classe em torno da luta parlamentar, afastando-a da direção política do movimento das oposições.

Nesse duro e complexo jogo político, o que ocorreu, portanto, foi uma dupla supressão das "vozes dos dominados": de um lado, a própria proposta de revolução democrático-burguesa do BOC desapareceu da história, apagada pela memória dos vencedores; de outro, o BOC atuou também na construção dessa memória ao suprimir as propostas daqueles setores do operariado que se expressavam através dos anarquistas, por exemplo.

A DURA REALIDADE

Apesar de o BOC ter desempenhado, em 1928, um papel importante no movimento das oposições e da luta política que se travava naquele momento, cedo teve de se defrontar com aquela dimensão da realidade que a sua própria estratégia de revolução democrático-burguesa buscava escamotear: o confronto com o capital.

> "Os trabalhadores do Brasil, além de não terem nenhuma garantia no que diz respeito ao pagamento pontual de seus salários, que para recebê-los estão obrigados muitas vezes a se declarar em greve, recebem em geral salários de fome."

Esse é o trecho inicial de um artigo sobre as condições de vida da classe trabalhadora em 1928, preparado pelo próprio PCB com base em entrevistas realizadas com operários de São Paulo, Rio de

Janeiro e Bahia. Em relação aos salários, informava o documento que

> "O pagamento é tão mesquinho que recebem em troca de dez horas de trabalho e, muitas vezes, de doze a quatorze horas, que toda a família, até os filhos de doze a quatorze anos, está obrigada a ir à fábrica a fim de cobrir o déficit, resultado lógico dos miseráveis salários que a burguesia paga aos chefes de família".

Explicitando ainda mais o conflito fundamental entre o capital e o trabalho, os representantes do grande capital organizam em São Paulo, naquele ano, o Centro das Indústrias do Estado de São Paulo (CIESP). Seu principal objetivo era organizar o empresariado a fim de empreender uma luta conjunta contra os avanços que a classe operária vinha realizando.

Uma das primeiras medidas do CIESP será, a partir de 1928, tomar uma posição contrária à promulgação das leis sociais — especialmente a Lei de Férias e o Código de Menores, cuja revogação interessava particularmente às pequenas e médias indústrias. Estas alegavam que o cumprimento desses encargos sociais rebaixaria excessivamente seus lucros, o que não era o caso das grandes empresas.

Mas, o importante nessa questão é que essa política do patronato de rejeição das leis sociais não só conseguia unificar a burguesia industrial, como também possibilitava a formação de "bloco único"

Primeira diretoria do CIESP, em 1928. Sentados, da esquerda para a direita, F. Matarazzo, presidente (3.º), e Roberto Simonsen, vice-presidente (4.º).

nas suas disputas com o proletariado.

Contudo, o ofensiva do capital não se limitava à recusa das leis sociais. Mobilizando os parlamentares do PRP nos órgãos legislativos, o CIESP coordena uma vasta campanha destinada a ir criando, paulatinamente, o espectro de um novo perigo que estaria ameaçando a nação: o comunismo.

Em 1929, por ocasião da greve dos gráficos de São Paulo, organizada pelo BOC e que se estendeu por mais de dois meses num esforço pelo melhor cumprimento do Código de Menores, o empresariado do setor já dava o tom da campanha que o CIESP intensificaria nos meses seguintes:

"Ora, acontece que a opinião da totalidade dos industriais é que a União dos Trabalhadores Gráficos não é uma entidade defensora do operariado, mas sim uma associação com fins dissolventes e subversivos da ordem que pela ameaça e violência tem à força procurado dominar os operários. Todas as perturbações que diariamente vêm desorganizando a vida fabril gráfica têm origem no programa dissolvente da União dos Trabalhadores Gráficos".

O comunicado, assinado por Horácio Lafer, um dos diretores do CIESP, e publicado em *O Combate*, ponderava ao público que era preferível a paralisação do serviço por anos (fechamento das empresas), do que "ceder em princípios que representam a completa subversão da ordem, da autoridade, e da disciplina".

Durante todo o ano de 1929, o empresariado, através de sua entidade máxima, passará a associar sistematicamente a ação do BOC com a desagregação da ordem. E aprofundava o ataque qualificando todas as formas organizativas do operariado, que ultrapassavam os limites impostos pelo BOC, como instrumentos de violência de um partido político de agitadores.

O que estava ocorrendo, então, era uma mudança radical na correlação de forças no interior do campo político que, durante o ano de 1928, permitira ao BOC um sensível avanço, mobilizando alguns setores do movimento operário.

Com a entrada da burguesia industrial (avaliada pelo PCB e pelo BOC como "débil", portanto, também politicamente, inexpressiva) na luta política direta, uma nova estratégia estava sendo posta em prática pelo grande capital, levando de roldão o temário da revolução democrático-burguesa que dera substância ao acordo das oposições.

De que maneira o empresariado procurava bloquear a proposta de revolução democrático-burguesa?

Segundo de Decca, os industriais buscavam envolver o operariado estabelecendo um duplo cerco: de um lado, recusando-lhe direitos que ele já havia conquistado (caso da Lei de Férias e da regulamentação do trabalho de menores e das mulheres); de outro, negando aos trabalhadores o direito a qualquer forma de organização.

Sob o pretexto de que representavam ameaça à ordem, o patronato qualificava de subversivas tanto as organizações não institucionais da classe operária como as institucionais, como o seu partido político.

Com isso, o CIESP — em nome da *industrialização* como uma necessidade que se impunha ao conjunto do social — formula, ele também, uma proposta: a liquidação sistemática de toda a organização da classe operária, fossem seus sindicatos ou seu partido parlamentar, o BOC.

A implementação de tal proposta apontava, no limite, para o fechamento de todos os espaços à participação dos trabalhadores na vida política institucional — o que significava liquidar qualquer perspectiva de criação de uma ordem democrático-burguesa para a sociedade.

Agitando com eficácia o espectro do próximo advento de uma revolução socialista (era assim que a burguesia industrial interpretava a proposta de revolução democrático-burguesa), o empresariado consegue, rapidamente, mobilizar amplos setores sociais, inclusive a oposição ao governo, contra a "ameaça comunista".

"Receios de Um Movimento Comunista — Plano Geral de Greve no Rio, São Paulo, Minas — Soldados e Marinheiros Envolvidos no Caso."

Essa manchete, em abril de 1929, de *O Combate*, jornal da oposição, e que vinha abrindo espaço ao movimento operário, é um exemplo do papel das oposições na montagem do clima repressivo que se estava criando em torno do movimento operário e de suas organizações.

Nesse sentido, é revelador também que esse tipo de noticiário comece a surgir durante a greve dos gráficos de São Paulo e alguns dias após o comunicado dos patrões, citado mais atrás. Em sua justificativa à recusa de negociar com o sindicato dos empregados, os empresários jogavam com a ameaça de terem de entregar as indústrias a "associações dirigidas por alguns operários", o que só seria "admissível no regime bolchevista, do qual, para o próprio bem dos operários, o Brasil ainda está longe".

Era como se os trabalhadores estivessem, realmente, reivindicando a tomada das empresas. Entretanto, de Decca, analisando a resposta dos operários ao comunicado dos patrões, demonstra que na posição de suas organizações — o BOC e a União dos Trabalhadores Gráficos, a ele ligada — nada indicava que pudesse ser qualificado de "subversão à ordem".

Ao contrário, sua atitude, diante da ofensiva desencadeada pelos industriais, era eminentemente defensiva:

"Os industriais não se referem aos salários, à lei de férias, à lei de menores e mulheres, a todas as leis que burlam (...). A opinião pública e o operariado em geral que julguem de nossa lisura e calma em face da situação econômica em geral, da pressão patronal e das provocações constantes da polícia. Nossa sede foi invadida e interditada, nossa comissão executiva foi presa, diversos companheiros pelo crime único de se recusarem a ir trabalhar estão presos, outros muitos irão purgar nos xadrezes da Delegacia de Ordem Política e Social (DOPS) o seu hediondo crime de não quererem ser explorados desalmadamente (...)".

Longe de quaisquer radicalismos (não se fala em revolução, luta contra o imperialismo, etc.), esse documento da UTG revela uma perda da capacidade combativa do sindicato, embora tivesse liderado uma greve de mais de 70 dias.

Com efeito, a primeira parte do documento sindical constitui um apelo aos industriais para que reconheçam oficialmente a UTG e sua "seção de colocação", numa linha de cooperação entre "braço e capital":

"Nesse ponto, aliás, importantíssimo, ambas as partes — braço e capital — vantagens extraordinárias adquirirão. Com o reconhecimento da UTG, guiada por hábeis artesãos do ramo, fornecerá às oficinas necessitadas de braços operários aptos para preencher os claros verificados nos respectivos quadros e procurará diminuir as pendências que surgirem entre operários e chefes de serviço (...)".

Em grande parte, esse "enrijecimento da vida

sindical", expresso através da busca de relações de cooperação entre capital e trabalho, é devido à presença do BOC, cuja política visava, antes de tudo, ao controle da classe operária, como se viu anteriormente.

Contudo, se a perspectiva da cooperação surgia como ilusória, a escalada da repressão contra as organizações operárias revelava-se como uma realidade das mais tangíveis.

AS MÁSCARAS ESTÃO CAINDO

A manchete de *O Combate* denunciando uma fantástica conspiração comunista em escala nacional parece ter sido o sinal para o recrudescimento da ação repressiva em todos os níveis contra o movimento operário.

Dulles fornece um relato minucioso das violências cometidas pelas autoridades, principalmente em São Paulo e no Rio de Janeiro (*op. cit.*).

Alegando que a greve paulista tinha motivos "políticos", a polícia fechou a União dos Trabalhadores Gráficos e prendeu sua Comissão Executiva. Para substituí-la, o PCB envia do Rio militantes da Juventude Comunista, que ajudam a formar um Comitê de Defesa Proletária.

Quando se tornou evidente que cerca de seis mil gráficos e suas famílias estavam passando fome, o Comitê organiza uma campanha para angariar donativos em diversos pontos do país. Para agravar esse estado de penúria, o CIESP enviou uma circular aos patrões recomendando que não aceitassem como empregados operários que haviam participado da greve.

Ao mesmo tempo, o PCB denunciava que o governo havia ordenado a prisão de comerciantes e o fechamento de seus estabelecimentos, por fornecerem alimento e crédito aos grevistas.

No Rio, os gráficos cariocas solidarizam-se com os companheiros em greve, enviando contribuições pessoais e fundos das caixas beneficentes de suas empresas. O jornal anarquista *Ação Direta* apóia a greve e denuncia a intransigência das grandes empresas e da polícia paulista, impedindo os entendimentos entre patrões e operários, para um acordo geral.

Em abril, durante um comício em São Paulo mais de mil grevistas declararam que, depois da vitória do movimento, só voltariam ao trabalho quando a polícia, "que prende e maltrata mulheres e crianças", pusesse todos os seus companheiros em liberdade.

No começo de maio um comitê de estudantes universitários manifestou sua revolta pela maneira com que seus esforços para servir de intermediários na greve foram inutilizados pela "intransigência e avidez" dos industriais gráficos de São Paulo. O manifesto acusava os industriais de procurarem iludir os estudantes referindo-se ao "fantasma ridículo do ouro de Moscou" e de admitir, abertamente, que não respeitariam a Lei de Férias ou sequer o Código de Menores — principais reivindicações dos operários.

Denunciando a escalada da violência por parte do governo, a União dos Trabalhadores Gráficos, ainda em abril de 1929, publicava um comunicado:

> "Também está sendo organizado um cadastro das violências e abusos de autoridade perpetrados pela polícia de São Paulo, para ser enviado ao comitê, em Paris, da Liga dos Direitos do Homem e do Cidadão, a fim de que esteja habilitada a denunciar aos intelectuais de todos os países da Europa os crimes e truculências inomináveis das autoridades de São Paulo".

Não obstante, o episódio da greve serviu de pretexto para ampliar a profundidade da repressão. Em junho, a polícia invadiu, no Rio de Janeiro, o prédio onde funcionavam a Confederação Geral dos Trabalhadores do Brasil, fundada dois meses antes, o Centro dos Jovens Proletários e o Comitê das Mulheres Trabalhadoras, além de outras associações operárias. Foram presas cerca de 70 pessoas, na maioria filhos de operários que assistiam às aulas de uma escola organizada pela União dos Trabalhadores em Indústrias Metalúrgicas.

Contando com a conivência das oposições, a escalada contra as organizações dos trabalhadores ganhava cada vez maior intensidade durante o ano de 1929.

Analisando o comício de 1º de Maio, por exemplo, *O Jornal*, diário que apoiava as oposições, dizia que a manifestação ocorrera em "perfeita ordem" e se caracterizara pela "ausência de expressões de um espírito violento", ao mesmo tempo que elogiava os operários.

O editorial concluía que as "correntes exóticas" — uma clara referência aos comunistas — deixavam de lado as palavras de ordem mais radicais e demonstravam, paulatinamente, sua disposição de apoiar as outras forças sociais na tarefa de "construírem, juntas, o engrandecimento nacional".

De Decca cita também o caso de *O Combate* que, depois da greve dos gráficos paulistas, suprimiu progressivamente a seção "Movimento Operário", do BOC. Em meados de 1930, o jornal passou a defender, abertamente, a Carta del Lavoro, de Mussolini...

Na realidade, a oposição acabou utilizando o BOC na sua luta pelo poder, auxiliando na destruição do partido operário. Ao perceber que este transgredira as regras do jogo político, que exigiam sua permanência no estreito espaço da luta parlamentar e eleitoral — o BOC organizara uma greve de mais de 70 dias em São Paulo e estimulou a criação da CGT —, nesse momento a oposição "ampliou sua luta contra o fantasma da oligarquia, atribuindo a este a responsabilidade de fazer vistas grossas ao perigo comunista" (de Decca, *op. cit.*).

Ou seja, nesse momento o problema das classes dominantes não era somente afastar a possibilidade, mesmo que remota, de uma revolução agrária dirigida por operários e camponeses. Mais importante tornou-se impedir o avanço da mobilização operária em torno do BOC — um partido de trabalhadores.

Quando essa mobilização começou a ocorrer — mais em decorrência da pressão operária do que da direção do BOC — tornou-se explícita a contradição entre o capital e o trabalho. É o tempo da queda das máscaras, tanto as da oposição como do governo, ao destruírem as organizações da classe operária.

Quanto aos tão decantados acontecimentos de outubro de 1930, com seu desfile de personagens (Vargas, Antonio Carlos, Osvaldo Aranha, Lindolfo Collor), que a memória dos vencedores consagrou como revolução — nesses a classe operária não estava mais presente.

Na realidade, as novas autoridades, sob a liderança de Vargas, nada mais fizeram do que aperfeiçoar os mecanismos de controle sobre o movimento operário. Nessa tarefa, Vargas e sua equipe desencadeiam duas frentes de combate ao "comunismo".

Com o objetivo de aprimorar o aparelho repressivo, uma das primeiras providências do "revolucionário" Batista Luzardo, novo chefe de polícia do Rio de Janeiro, foi a contratação, em março de 1931, de dois técnicos do Departamento de Polícia de Nova Iorque, a fim de organizar, no Brasil, um "serviço especial de repressão ao comunismo", nos moldes do existente nos Estados Unidos.

No Pará — segundo Dulles — o coronel Landri Sales, nomeado por Vargas governador militar, mandou afixar uma ordem que deixava pouca margem a dúvidas sobre as intenções da *Revolução*:

> "O Governo Militar mandará passar pelas armas, em praça pública, todo aquele que, estrangeiro ou não, propalar ou der curso a boatos sobre assuntos de propaganda comunista, tentando assim enxovalhar os grandes e nobres princípios da Revolução Brasileira".

Em São Paulo, o "tenente" João Alberto, interventor federal no Estado, é alvo de violenta campanha por parte do empresariado ao decretar um aumento de cinco por cento nos salários. Enquanto os demais interventores de outros Estados não davam tréguas ao movimento operário, reprimindo-o com maior dureza do que o governo de Washington Luiz, João Alberto foi acusado de "moleza" para com o comunismo, por permitir, entre outras coisas, que alguns líderes de esquerda se refugiassem em São Paulo. No curto espaço de um mês, o interventor passou de sua política de "abertura" ao cerceamento do direito de greve, do direito de associação, à censura da imprensa e à prisão de militantes operários.

Lindolfo Collor, primeiro titular do novo Ministério do Trabalho (novembro de 1930), por ele chamado de "Ministério da Revolução", comandou a outra hoste. Com o argumento de que era preciso "modernizar" as relações entre patrões e empregados, Vargas, Collor e Oswaldo Aranha assinam o famoso decreto 19 770, também conhecido como *Lei de Sindicalização*, em março de 1931.

De sua exposição de motivos consta que

"Com a criação dos Sindicatos Profissionais moldados em regras uniformes e precisas, dá-se às aspirações dos trabalhadores e às necessidades dos patrões expressão legal normal e autorizada. O arbítrio, tanto de uns como de outros, gera a desconfiança, é causa de descontentamento, produz atritos que estalam em greves e *lock-outs*. Os sindicatos ou associações de classe serão os pára-choques dessas tendências antagônicas".

Por trás desse discurso aparentemente neutro e recheado de boas intenções, esconde-se, na verdade, uma sólida estratégia de dominação — a estrutura sindical corporativa. Aperfeiçoada ao longo dos anos, ela constitui provavelmente a peça mais importante do dispositivo de controle do movimento operário, culminando com a Consolidação das Leis do Trabalho, promulgada em 1943, durante o Estado Novo, filho dileto da *Revolução de 30*.

De fato, os objetivos básicos da Lei de Sindicalização eram claros: 1) transformar o sindicato, de arma autônoma dos trabalhadores, em agência colaboradora do Estado; 2) disciplinar o trabalho, considerando-o como mero fator de produção; e 3) evitar a emergência da luta de classes, utilizando o sindicato como "pára-choque" entre o capital e o trabalho.

A fim de alcançar tais finalidades, a nova lei tece uma intrincada rede de exigências burocráticas

Getúlio Vargas.

que irão desfigurar por completo o caráter original dos sindicatos. A constituição de um sindicato, por exemplo, ficou subordinada à reunião de um mínimo de 30 associados, maiores de 18 anos, com a maioria de dois terços de brasileiros natos ou naturalizados. O exercício dos cargos administrativos estaria subordinado a mandato de um ano, sem remuneração e sem direito à reeleição, só podendo ser confiado à maioria de brasileiros natos ou naturalizados, com um mínimo de 10 anos de residência no país (20 anos, no caso dos estrangeiros).

Essas imposições tinham, antes de mais nada, uma clara intenção política — afastar definitivamente da vida sindical os líderes mais atuantes, muitos deles, principalmente em São Paulo, de origem estrangeira.

Mas a lei não se detinha aí. Advertia, ademais, que teria de ser respeitada a "abstenção, no seio das organizações sindicais, de toda e qualquer propaganda de ideologias sectárias, de caráter social, político ou religioso, bem como de candidaturas a cargos eletivos estranhos à natureza e finalidade das associações". Obviamente, o aviso destinava-se às correntes de esquerda, ainda vivas no interior do movimento operário.

Uma vez constituído o sindicato de acordo com a lei, exigia-se ainda, para o seu reconhecimento, o envio de seus estatutos ao Ministério do Trabalho para aprovação. Delegados do Ministério estariam presentes nos sindicatos para assistir às assembléias gerais, tendo a obrigação de examinar trimestralmente sua situação financeira. Quando a caixa do sindicato registrasse uma quantia superior a dois mil-réis, o excedente seria recolhido ao Banco do Brasil.

Assim, por meio de uma autêntica parafernália de leis e decretos gerados no bojo da *Revolução*, os sindicatos foram sendo reduzidos a órgãos de cooperação técnica com o Estado, em agências de consulta sobre os problemas da classe. Em caso de desrespeito à lei, as penas iam desde multas e suspensão das atividades até a destituição da diretoria e à própria dissolução do sindicato.

Por conseguinte, o advento da "nova ordem" significou, antes de mais nada, a progressiva implantação de um projeto totalitário de poder, do qual a expulsão de um partido dos trabalhadores e de suas organizações da vida política institucional é o aspecto mais relevante.

Da perspectiva da classe operária, portanto, discutir se 30 foi ou não uma revolução é um falso problema. Falso porque não desvenda as estratégias de dominação ocultas por trás da idéia de revolução — seja a das classes dominantes, seja a do próprio PCB.

É que para o PCB, a luta antiimperialista e antifeudal também se configurava como uma estratégia de poder, cujos objetivos nominais apontavam para a revolução socialista e a ditadura do proletariado.

Tanto assim que o jornal *A Classe Operária*,

citando, em abril de 1930, uma análise da Internacional Comunista, ainda explicava a situação do Brasil através da "colisão violenta em que se encontravam os interesses dos dois setores da classe dirigente: 1) os grandes proprietários de terra, controlando o governo federal e associados ao imperialismo inglês; 2) a burguesia industrial, dominada pelo imperialismo norte-americano".

Segundo a Internacional, a crescente luta entre tais interesses inconciliáveis, agravada pela crise econômica, constituía uma das "premissas básicas para o rápido amadurecimento da situação revolucionária no Brasil".

Quanto à ação efetiva da classe operária, tanto passada, quanto presente, nenhuma palavra. Ocultando a luta de classes e colocando em seu lugar agentes históricos como os imperialismos, a oligarquia, os tenentes e a pequena burguesia — o PCB nada mais fez, ele também, do que reforçar a estrutura de dominação, da qual a idéia de Revolução de 30 é um dos momentos.

INDICAÇÕES PARA LEITURA

A obra mais recente e inovadora sobre o tema é a de Edgar de Decca (*1930, o Silêncio dos Vencidos*, Brasiliense, 1981), cujas principais proposições constituem o suporte deste trabalho.

Quanto à ampla bibliografia geral existente, uma boa sistematização dos autores de maior destaque, segundo as teses que defendem, é a de Celina Moreira Franco, Lúcia L. Oliveira e Maria Aparecida A. Hime ("O Contexto Político na Revolução de Trinta", Revista *Dados*, IUPERJ, 1970).

> "A Revolução de 30 expressa a ascensão da burguesia industrial à dominação política."

Esta é a idéia principal defendida por Nelson Werneck Sodré (*Formação Histórica do Brasil*, Brasiliense, 1962) e Wanderley Guilherme (*Introdução ao Estudo das Contradições Sociais no Brasil*, ISEB,

1963).

Em contraposição a essa tese, o trabalho de Bóris Fausto (*Revolução de 1930: Historiografia e História*, Brasiliense, 1970) conclui que "a Revolução de 30, seja sob a forma indireta de intervenção da fração de classe, seja sob a forma imediata de uma 'revolução do alto', não foi um movimento que tenha conduzido a burguesia industrial à dominação política". Fausto interpreta 30 como uma realização dos setores dissidentes da oligarquia aliados aos militares. Sua conseqüência foi o estabelecimento de um "estado de compromisso" entre as diversas forças políticas.

Francisco Weffort (*O Populismo na Política Brasileira*, Paz e Terra, 1978), em seus vários ensaios sobre as origens do populismo no Brasil, também vê 30 como a resultante de um "compromisso fundamental entre os setores urbanos (classes médias)" e grupos agrários tradicionais menos vinculados à exportação.

"O movimento de 30 como revolução das classes médias."

Virgínio Santa Rosa (*Que foi o Tenentismo?*, Civilização Brasileira, 1963) foi o pioneiro dessa explicação, seguido de Guerreiro Ramos (*Crise do Poder no Brasil: Problemas da Revolução Nacional Brasileira*, Zahar, 1961) e Hélio Jaguaribe (*Desenvolvimento Econômico e Desenvolvimento Político*, Fundo de Cultura, 1962).

Para Guerreiro Ramos, a revolução de 30 seria a continuidade dos movimentos militares da década de 20 e da Campanha Civilista. Segundo ele, a revolução "encerrou um ciclo de nossa evolução política e abriu outro, isto é, encerrou o ciclo da constitucionalização efetiva do Estado e abriu o ciclo das lutas políticas pela estruturação ideológica das classes sociais do Brasil".

A grande maioria dos demais autores que tratou do assunto, incluindo cientistas sociais e historiadores, adotou, com ligeiras variações, uma dessas teses como diretriz de seus trabalhos.

Paulo Sérgio Pinheiro e Michael M. Hall (*A Classe Operária no Brasil. Documentos, vol. 1 — O Movimento Operário*, Alfa-Ômega, 1979, e *A Classe Operária no Brasil. Documentos, vol. 2 — Condições de vida e de trabalho*, Brasiliense, 1981) reuniram uma documentação, a maior parte inédita, que contribui para o conhecimento da prática da classe operária desde o início da República, especialmente na fase decisiva de 1928 a 1929.

Kazumi Munakata (*A Legislação Trabalhista no Brasil*, Col. Tudo é História, vol. 32, Brasiliense, 1981) realiza um excelente estudo sobre o verdadeiro alcance da legislação elaborada naquele período e de suas conseqüências sobre a vida dos trabalhadores.

Sobre o Autor

Jornalista profissional de 1961 a 1972, Italo Tronca trabalhou na *Última Hora*, *Jornal da Tarde* e na revista *Veja*. Cursou História na Universidade de São Paulo, onde obteve o título de doutor com uma tese sobre o papel dos militares no processo de industrialização do Brasil no pós-30. Publicou recentemente um ensaio — "Os Militares e a Industrialização: Entre as Armas e Volta Redonda" — na *História Geral da Civilização Brasileira*, volume 10, sob a direção de Boris Fausto. Integra, desde 1973, o quadro de professores do Departamento de História da Unicamp, onde se dedica, atualmente, a pesquisas sobre os movimentos sociais urbanos no Brasil contemporâneo.

IMPRESSÃO:

GRÁFICA EDITORA Pallotti
IMAGEM DE QUALIDADE

Santa Maria - RS - Fone/Fax: (55) 222.3050
www.pallotti.com.br
com filmes fornecidos